KB123445

성학십도

聖學十圖

이황(李滉) 지음 | 이광호 옮김

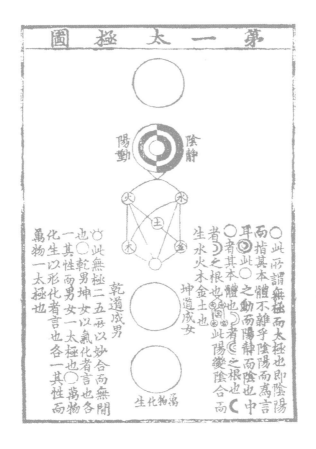

보고사
BOGOSA

『성학십도』를 다시 내며

홍익출판사에서 『성학십도』 초판을 낸 것이 2001년이다. 20년이 넘었으니 볼만한 분은 구하여 읽었을 것이다. 그리고 이 책에 대한 번역본도 적지 않은데 왜 다시 내는가?

과학과 도학을 함께 이해하는 것이 나의 철학적 문제이다. 과학으로 객관적 세계에 관한 학문을 이해하고 도학으로 인간의 주체적 삶의 학문을 이해하고자 한다. 과학은 서구문명과 현대사회를 이해하는 데 필수적인 학문이고, 도학은 성인됨을 추구하는 학문으로서 나도 그에 가까운 삶을 살기 위하여 배운다.

자질이 노둔하여 공부가 답답할 정도로 느리다. 그러나 포기할 수 없게 하는 내면의 변화가 이어진다. 이해할 수 없던 마음이 차츰 주인으로 자리를 잡아간다. 발목, 무릎, 고관절, 허리 등 아프지 않은 곳이 드물었는데, 차츰 튼튼해져 퇴계 선생 귀향길 7백 리도 거뜬히 걷는다.

경전에 나오는 마음에 관한 표현들에 공감이 일어난다. 마음은 지각(知覺)할 수 있는 허령(虛靈)한 어떤 것이라고 하는데, 나의 마음 역시 허령한 상태일 때가 많다.

현대 과학의 출발은 원자에 대한 이해이며 과학은 객관적인 모든 현상은 원자로 설명한다. 중성자와 양성자로 구성된 원자핵과 주위를 도는 전자로 구성된 원자, 원자의 99.9999%는 텅 빈 공간이라고 한다.

나의 마음의 근원도 원자일까? 아니면 그 속의 공간일까? 아니면 그 이상의 초월적인 어떤 것일까?

마음에 대한 공부는 객관적으로 이루어지지 않는다. 주체에 대한 함양과 성찰을 통하여 이루어질 뿐이다. 텅 빈 마음이기에 나의 마음 너의 마음 구별이 없다고 한다.

마음에는 거짓이 없고 마음에는 진실이 있으니, 진실은 자신을 변화시키는 힘을 가지고 있다. 자신을 변화시키면 남도 변화시킬 수 있다고 한다.

퇴계 이황은 조카 교(喬)에게 이러한 잠명을 남기셨다.

> 보배로운 거울이 티끌에 묻혀있으니 갈지 않으면 새로워지겠는가?
> 밝은 진주가 연못에 잠겨 있으니 찾지 않으면 버리게 된다.
> 성인이 가르치신 태극은 내 마음의 법칙이니
> 그대 곁에 병풍으로 펼쳐두면 그대에게 항상 도가 있으리라.
> 생각할 수 있고 행할 수 있다면 한마디 말도 다 실천하기 어렵지만,
> 생각하지 않고 행하지 않는다면 많은 말이라도 어디에 쓰겠는가!
> 寶鑑埋塵, 非磨寧新. 明珠在淵, 不探則捐.
> 聖訓之極, 我心之則. 屛陳爾傍, 道存爾常.
> 能思能行, 一言猶贏. 不思不爲, 萬言奚施?

퇴계는 보배로운 거울, 밝은 진주가 모든 사람에게 있는데, 그것이 곧 태극이고 그것이 곧 우리의 본성으로서 우리 삶의 법칙이라고 가르치고 있다.

오늘날 텔레비전을 켜고 뉴스 보기가 두렵다. 교육에서 마음이 사라진 지 오래다. 마음은 스스로 바른 삶을 살게 하는 위대한 능력을 가지고

있다. 『성학십도』는 이 위대한 마음의 빛을 밝히는 책이다.

　지난해 도운회에서 제가 번역한 『성학십도』를 새롭게 꾸려 회원들에게 무료로 배포하였다. 그 인연으로 보고사를 알게 되었는데, 이제 표지를 바꾸고 내용도 일부 보완하여 책을 새롭게 낸다기에 몇 자 적어 머리에 싣는다. 자신의 마음에 접근하는 방법을 찾는 분들에게 조그만 도움이라도 되기를 바랄 뿐이다. 이 더운 여름에 더위와 싸우며 이 책을 출간하는 보고사 여러분의 노고에 감사드린다.

2023년 8월 8일
우로재(于魯齋) 마경실(磨鏡室)에서
이광호 쓰다

퇴계 이황의 삶과 학문

1. 이황은 누구인가?

이황(李滉)의 호는 퇴계(退溪), 자는 경호(景浩), 관향은 진성(眞城), 시호(諡號)는 문순(文純)이다. 1501년(연산군 7년) 11월 25일(음력) 경상도 예안현(禮安縣) 온계리(溫溪理) 본가에서 6남 1녀의 막내로 태어났다. 퇴계가 태어난 이듬해에 아버지가 돌아가셨고, 어머니로부터 엄격한 교육을 받았다. 온유(溫柔)한 성품을 타고난 퇴계는 어려서부터 바르고 사람답게 사는 문제에 많은 관심을 가졌다.

퇴계는 12세 때에 숙부 송재(松齋) 이우(李堣)에게 "사람들은 집에 들어오면 부모에게 효도하고, 밖에 나가면 공손해야 한다"라는 『논어(論語)』의 구절을 배우며, "사람의 아들이 된 자는 이렇게 해야 한다"라고 생각하였다. 어느 날 숙부에게 "모든 일에서 옳은 것을 리(理)라고 합니까[凡事之是者 是理乎]?"라고 하였는데, 송재는 "네가 이미 문장의 뜻을 아는구나"하고 칭찬을 하였다고 한다.

퇴계는 사단(四端)을 "이발이기수지(理發而氣隨之)", 칠정(七情)을 "기발이이승지(氣發而理乘之)"라고 하였다. 이러한 '이(理)'는 사람의 마땅한 삶, 선한 삶, 즉 일상의 도리(道理)를 설명하기 위한 용어로 보이지만, 그 뿌리는 깊고 영원하고 절대적이어서 인간의 상상을 초월하는 절대 진리인 하늘(天)이다. 영원하고 절대적인 진리가 사람의 일상적 삶과 도덕 감정 속에서 드러나고 있다는 것이 유학의 주장이니, 유학의 도덕은 일상적 것 같지만 그 근원은 깊고 깊다. '일상적 삶을 통하여 위로 진리에 도달한다[下學上達]'는 공자의 말이나, '인간의 본성은 선하다'는 맹자(孟子) 성선설(性善說), '명덕을 밝혀 지선에 머문다'는 『대학』의 가르침과 '사람의 본성에 따르는 삶이 도'라는 『중용』의 가르침이 모두 이러한 깊이를 갖춘 철학적인 용어들이다.

퇴계는 14세 때 이미 도연명(陶淵明)의 시를 사랑하고, 15세(1515) 때는 「가재(石蟹)」라는 제목의 의미심장한 시를 지었다.

돌을 짊어지고 모래를 뚫으면 스스로 집이 생기네.　　負石穿沙自有家
앞으로 가다가 뒤로 달리는데 발은 특별하게 많구나.　前行却走足偏多
평생 동안 한 줌 샘물 속에 살면서,　　　　　　　　　生涯一掬山泉裏
강과 호수의 물이 얼마나 되는지 묻지 않는구나!　　不問江湖水幾何

이 시에서 어린 퇴계는 산속 맑은 물에 사는 가재를 보고, '좁은 물속에 살지만 강과 호수를 부러워하지 않고, 발이 많으면서도 물러나기를 좋아하며, 저렇게 즐겁게 살 수 있구나' 하는 생명의 즐거움을 느끼고 있다. 외적인 것에 대한 욕망의 추구가 아니라, 자신 내면의 본성을 실현하며 사는 가재의 삶에 강한 공감을 느끼고 있다.

19세 때는 「마음을 읊다(詠懷)」라는 제목으로 이렇게 읊고 있다.

홀로 숲속 오두막 만 권 책을 사랑하여,　　　　　　獨愛林廬萬卷書
한결같은 마음으로 십여 년을 읽었더니,　　　　　　一般心事十年餘

근래에는 근원과 만난 듯하여,　　　　　　　邇來似與源頭會

나의 마음을 다잡아 태허(太虛)를 본다.　　　都把吾心看太虛

퇴계선생연보보유(退溪先生年譜補遺)에 의하면 이때 퇴계는 『성리대전』의 첫 권과 마지막 권을 읽었다고 기록되어 있다. 첫 권은 「태극도」와 「태극도설」이며, 마지막 권은 성리(性理)에 관한 잠(箴)과 명(銘)이다. 퇴계는 이 두 책을 읽고, 마음이 열려 그 근원인 태극과 만나는 느낌을 얻었다고 읊고 있다. 주돈이(周敦頤, 1017~1073, 호는 濂溪)는 『주역』에 통달하여 「주역」의 철학을 「태극도」와 「태극도설」로 표현하였다. 퇴계는 이후 『주역』에 침잠하여 공부하다가 병이 나서 한동안 공부할 수 없게 되었다.

퇴계는 21세에 허씨 부인과 결혼하고, 23세에 아들 준(寯)을 얻고, 27세에 채(寀)가 태어났으나 부인 허씨가 죽었다. 30세에 권씨 부인에게 장가들고, 31세에 측실에서 적(寂)을 얻게 된다. 34세 3월에 문과에 급제하여 4월에 승문원(承文院) 권지부정자(權知副正字)에 보직되었다가 천거를 받아 예문관(藝文館) 검열(檢閱)로 임명되고, 춘추관(春秋館) 기사관(記事官)을 겸직하다가, 김안로(金安老, 1481~1537) 일당의 제지로 다시 부정자로 되고 추천한 예문관원도 파직되었다.

43세에는 『주자대전』의 교정을 청하여 자신이 그 책임을 맡았다. 『주자대전』을 읽기 시작하며 학문의 즐거움에 심취하여 벼슬에서 물러나 학문에 전념하기로 결심하였다. 퇴계는 46세(1546) 때 고향으로 물러나 자신의 호를 '퇴계(退溪)'라고 하여 은둔의 뜻을 드러내었다. 그리고 양진암(養眞庵)을 짓고 내면의 진리를 함양하기 시작하였다. 50세(1550) 때 지은 「퇴계(退溪)」라는 시에는 은거(隱居)의 뜻이 가장 드러난다.

몸이 물러나니 어리석은 분수에 편안하고,	身退安愚分
학문이 날로 퇴보하니 늙어감이 걱정이네.	學退憂暮境
시냇가에 비로소 거처를 정하고,	溪上始定居
흐르는 물가에서 날마다 반성을 하네.	臨流日有省

　이 시에서는 벼슬에서 물러나 자신을 돌아보며, 쉬지 않고 흐르는 늘 새로운 물처럼 공부하려는 마음을 표현하고 있다.

　퇴계의 관직생활은 34세 문과에 급제하며 시작되어, 69세 사정전(思政殿)에서 선조(宣祖)와 헤어지면서 끝이 난다. 그동안 진퇴를 거듭하며 퇴계는 서울을 7차례 오르내렸다. 퇴계가 마지막 귀향길을 떠나려 할 때 조정의 자리를 비우다시피하고 많은 관리와 학자들이 마중을 나왔다. 동호에서 배를 띄우고 전별연을 하며 퇴계는 박순(朴淳, 1523~1589, 자는 和叔, 호는 思庵)의 시에 이렇게 화답하였다.

퇴휴 허락받음이 어찌 사퇴만 같을까마는,	許退寧同賜玦環
여러분들 송별 덕에 서울을 떠나가네.	諸賢護送出京關
네 분 임금님이 주신 은혜에 부끄러우니,	自慙四聖垂恩眷
공연히 구차하게 7번이나 오갔네.	空作區區七往還

　경오(1570년, 70세) 12월 퇴계는 임종 며칠 전 조카 영(甯)에게 유계(遺戒)를 받아 적게 하며, 나라의 예장을 사양하게 하고, 묘비를 세우지 말고 작은 돌에 퇴도만은진성이공지묘(退陶晚隱眞城李公之墓)라고만 새기게 하고, 비문 대신 자명(自銘)을 사용하게 하였다. 자명은 이러하다.

태어나서는 크게 어리석었고,	生而大癡　壯而多疾
중년엔 학문을 즐기다 만년엔 어찌 벼슬을 탐했던가	中何嗜學　晚何叨爵
학문은 구할수록 멀어지고 벼슬은 사양할수록 얽히네	學求猶邈　爵辭愈嬰
나아가 행하면 넘어지니, 물러나 바름을 간직하였네	進行之路　退藏之貞
나라 은혜 심히 부끄럽고, 성현 말씀 참으로 두려운데	深慙國恩　亶畏聖言
성현 말씀 산처럼 높고, 나라 은혜 물처럼 이어지네	有山巖巖　有水源源
춤추듯이 평복으로 갈아입어, 뭇사람의 비방을 벗었네	婆娑初服　脫略衆訕
내 생각 이렇게 막으니, 나의 패옥 누가 즐길 것인가	我懷伊阻　我佩誰玩
고인이 실로 나의 마음 얻은 것 생각하니	我思古人　實獲我心
후세 사람이라고 어찌 나의 마음 몰라주리오	寧知來世　不獲今兮
근심 가운데 즐거움 있고 즐거움 가운데 근심 있네	憂中有樂　樂中有憂
자연의 조화 타고 다하여 돌아가니 무엇을 더 구하리오	乘化歸盡　復何求兮

퇴계의 자명은 곧 퇴계의 자서전이다. 초년에 학문에 뜻을 두었다가 중년에 벼슬길에 들어 조금 방황하였지만, 만년에 은퇴하여 진리를 자득하게 되어, 옛날 현자들과 마음이 통하는 즐거운 삶을 살게 되었다. 자신이 고인의 마음을 이해하듯 미래의 사람들 중에도 자신의 마음을 알아주는 사람이 있을 것이라는 믿음을 가지고, 선생은 자연의 이법에 따라 편안하게 생을 마칠 수 있었다.

2. 위기지학에 뜻을 두다

퇴계는 경전을 통하여 유학이 지향하는 선비의 삶에 대한 가르침은 받았지만, 현실에 눈을 뜨기 시작하며 고민에 직면하지 않을 수 없었다.

퇴계가 살던 시대는 무수한 선비가 무참하게 화를 당한 사화기(士禍期)[1]였다. 퇴계는 제자에게 보낸 편지 가운데서 이렇게 말하고 있다.

"참으로 이상한 일이다. 우리나라의 학자들 가운데, 도의에 뜻을 둔 사람들 가운데는 세상의 환란을 당한 사람들이 많다. 이는 땅이 좁아 사람들이 경박해서 그렇기도 하지만, 스스로 하는 학문도 다하지 못함이 있어서 그렇다. 다하지 못한다는 것은 다른 것이 없다. 학문이 지극하지 못하면서 스스로 너무 높게 자처함과 시대를 헤아리지 않고서 세상을 경영하고자 함이다."(『퇴계집』 권16, 답기명언)

퇴계는 선비들이 끊임없이 화를 당하는 원인이 무엇인지 심각하게 고민하고 있다. 그러나 땅이 좁아 사람들이 경박한 것을 첫째 원인으로 반성만 할뿐, 이를 극복할 방법은 제시하지 않고 있다. 학자 자신의 입장에서 그 원인을 찾는다면, "학문이 지극하지 못하면서 스스로 너무 높게 자처함"과 "시대를 헤아리지 않고서 세상을 경영하고자 함"이라는 두 가지로 압축된다. 퇴계는 자신이 살던 시대가 유학의 이상을 실현할만한 시대라고 생각하지 않았다. 공자와 맹자가 살던 때는 이후 어떤 시대보다도 학자가 존중되고 학문적 자유가 보장된 시대였지만 그들은 세상을 경영하려고 노력하기 보다는 학문을 통하여 올바른 삶의 표준을 세우는

---

1 세조의 집권을 도우며 배출된 훈구파(勳舊派)와 성종에 의하여 발탁된 신진사대부(新進士大夫)들의 정치적 갈등이 연산군의 폭정과 중종의 반정, 명종 대의 척실정치로 이어지며 많은 선비들이 연이어 화를 입었다. '4대사화'라고 불리는 무오사화(戊午士禍, 1498), 갑자사화(甲子士禍, 1504), 기묘사화(己卯士禍, 1519), 을사사화(乙巳士禍, 1545)가 그 대표적인 것이다.

것을 중시하였다. 퇴계는 자신이 사는 시대야말로 학자가 세상을 경영할 시대는 아니라고 생각하고, 진정한 학문의 완성을 통하여 후세인들에게 삶의 길을 제시하고자 마음을 정하였다. 퇴계가 추구한 학문은 인간의 올바른 삶의 길인 도가 무엇인지 알고, 실천하는 유학의 본령인 도학이었다.

도를 알고 실천하는 도학을 유학에서는 '자기를 위한 학문', '자기자신의 완성을 위한 학문'이라는 의미에서 "위기지학(爲己之學)"이라고 불렀다. 퇴계는 이렇게 말한다.

> "군자의 학문은 자기를 위할 뿐이다. 자기를 위한다는 것은 장식(張拭, 1133~1180, 자는 敬夫, 호는 南軒)이 말한 '인위적으로 위하는 것이 없이 그러한 것'이다. 예컨대, 깊은 산무성한 숲에 있는 난초는 종일토록 향기를 피우지만 자신이 향기를 발한다는 것조차 알지 못한다. 난초의 이러한 삶이 군자가 자기를 위한다는 뜻과 똑같다."(『퇴계전서』 권4 언행록, 권2 유편)

자기를 위한 학문, 자기 자신의 완성을 위한 학문은 객관세계의 법칙에 대한 인식을 목표로 삼는 오늘날의 학문, 즉 과학과는 학문관에서 상당한 차이가 있다. 이러한 학문관의 차이는 서로 다른 자연관과 인간관에 근원을 두고 있다. 동아시아 지역이 서구화를 지향하면서 유학을 포함한 동아시아 학문은 과학적이 아니라는 이유로 비판되고 부정되었다. 그러나 인간의 삶에서 대상세계에 대한 인식이 중요한 것처럼 주체에 대한 이해와 주체의 완성 문제도 매우 중요한 것이다. 과학기술의 발전으로 기계 앞에 인간이 무기력하게 되는 시대를 맞아 인간의 자기완성 문제는 인류의 생존과 지속적 번영을 위한 매우 중대한 문제이다.

자기완성을 위한 학문이 인간의 최고 경지인 성인(聖人)을 지향한다는 의미에서는 "성인이 되기 위한 학문" 즉 성학(聖學)이라고 부르기도 하였다. 퇴계가 만년에 지어 선조에게 바친 『성학십도』는 그러한 의미에서 퇴계의 학문의 절정이라고 말할 수 있다.

3. 대기만성(大器晚成)의 위대한 유학자

퇴계는 도를 참되게 알고 힘써 실천함을 통하여 자연과 인간의 진리인 도에 대하여 조금의 의심도 없는 경지에 도달하고자 노력하였다. 마음을 비우고 겸손한 태도로 도를 향하여 조금씩 나아가며 어느 땐가 도를 스스로 온전하게 자득할 수 있기를 추구하였다.

> "어리석은 나의 경우 태극도설을 얻어 읽기 시작한 지 이삼십 년이 되었지만 조금도 얻은 것이 없다. 고명한 그대라고 하더라도 어찌 한걸음에 그 오묘한 경지에 나아가기를 바랄 수야 있겠는가! 하물며 나는 일을 대하면 시비에 어둡고 어떤 일을 하고 나면 후회가 많으니, 이것이 내가 평생 동안 괴로워하고 걱정하는 것이지만 다스릴 방법이 없다."(『퇴계집』권 28, 답김돈서)

이 편지는 49세 때의 편지이다. 19세 때 「태극도설」을 읽고 진리를 안듯하다는 시를 남기고 있는 퇴계가 30년이 지난 지금은 조금도 얻은 것이 없다고 말하고 있다. 그리고 어떤 일을 대하면 시비에 어둡고 일이 끝나고 나면 후회가 많아 평생 동안 괴롭지만 벗어날 방법이 없음을 답답하게 여기고 있다. 학문에 대하여 자신이 항상 어리석고 무지함을 자각하고 모른다는 것을 답답하게 여기는 마음이 있기 때문에 퇴계는 49세 때 진리를 알지 못하는 삶은 헛된 삶이란 생각에 학문을 위하여 풍기 군수직을 사직하게 된다. 사직서를 세 번 제출하여도 허락하지 않자 스스로 현직을 떠나 귀향하여 버린다. 진리를 위한 학문을 위하여 세상의 어떠한 비난과 처벌도 받을 각오가 없이는 취하기 어려운 행동이다. 그 이후 몇 년 동안 학문의 성숙에 따른 내면세계의 변화를 읽을 수 있는 많은 시들을 남겼다. 53세 때 드디어 정지운(鄭之雲, 1509~1601, 자는 靜而, 호는 秋巒)의 천명도(天命圖)를 개정한 「천명신도(天命新圖)」를 그리고, 「천명도설」과 「천명도설후서」를 짓는다. 퇴계가 그동안 학문을 통하여 자득한 경지는 「천명신도」와 「천명도설」, 그리고 「천명도설후서」에서 처음으로 발휘된다.

> "학자가 이 도(圖)를 통하여 천명이 자신에게 갖추어져 있음을 진실 되게 알고, 덕성을 높이고 믿고 따르게 된다면, 타고난 귀한 본성을 잃지 아니하고 사람의 표준(人極)이 자신에게 있게 되어 천지와 나란히 셋이 되어 천지가 하는 조화발육의 공을 다 이룰 수 있을 것입니다. 훌륭하지 않습니까!"(『퇴계집』권41, 천명도설후서)

「천명도」에서는 인간이 천명을 부여받아 태어났다는 것을 스스로 아는 것이 삶에서 가장 중요한 일이라고 한다. 자신이 부여받은 천명을 진실되게 알고 천명을 높이고 믿고 따르면 사람다운 사람이 되고 자기완성을 이룬 성인이 될 수 있다고 한다. 성인이 되면 하늘과 땅의 사업에 참여하여 도울 수 있는 자가 되니 하늘과 땅과 자격이 나란히 삼재(三才)가

된다고 한다. 퇴계의 도학은 인간 주체가 하늘로부터 받은 천명을 온전
하게 인식하고 실천하는 문제로부터 시작됨을 알 수 있다.

정유일(鄭惟一, 1533~1576, 자는 子中, 호는 文峯)은 「언행통술(言行通
述)」에서 이렇게 기록하고 있다.

> "선생께서 처음엔 자기를 감추기에 힘써 함부로 사람과 학문을 논하지
> 않았다. 그래서 사람들은 그를 잘 알지 못하였고 안다는 사람들도 선생을
> 시인으로 지목하거나 혹은 속세를 떠난 방외인(方外人)처럼 여기어, 그
> 배운 것이 바르고 그 얻은 것이 참되어 모르는 사이에 날로 드러남이 있
> 는 줄은 몰랐다. 만년에 관직에서 물러나 나이가 더욱 많아지고 덕이 더
> 욱 밝아지고, 마음에 완미하는 것이 더욱 고명하여지고 도를 행하는 것이
> 더욱 친절하여지고, 자득한 것이 더욱 깊어지고 따르는 자가 더욱 많아진
> 다음에야, 비로소 동방에 진유(眞儒)가 나온 것을 알게 되었다."(『번역퇴
> 계집』 권6 언행록부록, 언행통술)

퇴계는 참으로 대기만성의 학자라고 칭하기에 걸맞은 인물이다. 53세
라는 늦은 나이에 일단 자득의 경지에 도달하고 나자 커다란 수원지로부
터 강물이 솟구치듯 막을 수가 없이 쏟아져 나온다. 퇴계가 쓴 글들은
자신이 일정한 학문적 수준에 도달하고 난 뒤에 저술된 것이어서 학술적
일관성이 뛰어나다. 그리고 퇴계가 학문을 하며 몸과 마음으로 체험한
내용을 쓴 글들이 많아 독자들에게 글이 친숙하다. 50세 풍기 군수에서
물러난 뒤 지은 시에서는 학문을 하며 경험한 심경에 대한 서술이 자세
하여 후학들에게 많은 가르침을 준다. 그리고 후기로 가면 자신과 주장
을 달리하는 학설에 대하여 비판함으로써 퇴계는 자신의 주장을 보다 명

확하게 하고 있다. 퇴계는 68세 때 스스로 자득한 학문의 체계를 『성학
십도』로 저술하여 선조에게 바친 뒤 운명하기 직전까지도 제자들과 학문
에 대한 토론을 그치지 않았다.

4. 퇴계가 남긴 작품들

퇴계가 남긴 작품 가운데 『정본 퇴계전서』에 실린 시는 총 1,234제목
2,235수이고 수록된 편지는 총 3,117통에 이른다. 그중에는 한 통의 편
지가 2000자가 넘는 편지도 적지 않다. 한 통의 편지는 한 편의 논문과
도 같은 경우가 허다하다. 기대승에게 준 사단칠정을 논한 두 번째 편지
는 일만 자가 넘는다. 『주자서절요(朱子書節要)』와 『송계원명이학통록(宋
季元明理學通錄)』과 같은 방대한 양의 편저가 있는가 하면 자신의 중요한
편지를 엮은 『자성록(自省錄)』, 심학에 절실한 잠과 명을 모은 『고경중마
방(古鏡重磨方)』, 주희의 『역학계몽(易學啓蒙)』 가운데서 의심나는 설에
대하여 자신의 설을 밝힌 『계몽전의(啓蒙傳疑)』, 성학의 체계를 도설로
밝힌 『성학십도(聖學十圖)』 등 많은 저술을 남기고 있다. 퇴계의 작품 가
운데는 훈민정음을 익혀 한글로 지은 『사서석의(四書釋義)』, 『삼경석의
(三經釋義)』, 「도산십이곡(陶山十二曲)」 등의 작품은 한글 연구에도 중요
한 자료가 될 것이다. 퇴계는 자신의 학문이 사람 완성을 위한 바른 학문
이라는 것을 확신하였기 때문에 당시 유행하던 학설 가운데 정론이 아니
라고 생각하는 이론에 대해서는 치밀한 논리로 비판하였다. 「마음에 체
용이 없다는 설에 대한 변론(心無體用辯)」(1564년 8월), 「전습록논변(傳習
錄論辯)」(1566년 8월), 「이와 기는 하나가 아니라는 것에 대한 변증(非理氣

爲一物辯證)」(1568년 9월) 등이 대표적인 글들이다. 퇴계는 근거 없는 글을 짓기를 좋아하지 않아 행장을 많이 짓지 않았다. 문집에 실린 행장은 7편뿐이다. 그 가운데 「정암조선생행장(靜庵趙先生行狀, 64년)」과 「회재이선생행장(晦齋李先生行狀, 66년)」, 성주목사황공행장(星州牧使黃公行狀, 63년) 등은 학문적으로나 학술사적으로도 매우 중요한 글들이다.

5. 퇴계의 학문이 후세에 끼친 영향

퇴계는 40여 년의 철저한 공부를 통하여 자신이 원하는 학문인 위기지학, 즉 도학을 완성하였다. 퇴계의 도학은 「천명도」에서 시작하여 『성학십도』로 완성되었다. 『주자서절요』와 『이학통록』을 통하여 주자의 학설과 학통을 자신의 학문적 입장에서 정립하였다. 또한, 자신과 주장을 달리하는 여러 학설에 대해서는 논변을 통하여 논리적으로 비판하며 자신의 학문을 더욱 확고하게 하였다. 퇴계는 자신이 존경하는 학자들의 「행장」을 지어 조선조 유학의 학통을 세웠다. 삼백여 제자를 양성하며 자신의 학문이 전국적으로 확대되는 기반을 형성하였고, 여러 곳에 서원을 세우며 직접 기문을 써서 서원의 교육을 장려함으로써 관학 중심의 유학에서 벗어나 전국 방방곡곡에 서원이 창설되어 유교국가의 면모가 갖추어지게 하였다. 이처럼 퇴계는 조선조 유학의 발전에 전반적인 기여를 하였다.

시간이 흐르고 시대가 변하면서 선생의 학문은 이웃 일본에 커다란 영향을 미치게 되고 현대에는 세계화의 물결을 타고 동서의 학자들이 그의 학문과 사상, 그리고 그의 삶에 깊은 관심을 가지게 되었다.

　최근 인공지능이 인간의 지능을 뛰어넘어 사차산업혁명의 시대에 진입하고, 유전공학의 발달로 죽지 않은 인간이 가능하다고 하며, 인간은 우주의 정복을 목전에 두고 있다고 일부 과학자들은 주장한다. 그러나 인간의 삶은 지구온난화로 인한 폭풍과 폭우와 폭염의 일상화, 원인을 알기 어려운 각종 전염병의 대유행으로 잠시도 편안하지 못하며 젊은 사람들은 미래에 대한 꿈을 상실하고 있다. 이제 인간은 객체중심의 학문인 과학을 넘어 인간의 마음을 중심으로 정신적 가치를 중시하는 동아시아의 학문, 특히 도학에 대한 새로운 이해를 요청하고 있다.

차례

『성학십도』[1]를 올리는 차(箚)[2]와 도(圖)

중추부(中樞府)[3] 판사(判事)[4] 신(臣) 이황(李滉, 1501~1570)은 삼가 두 번 절하고 말씀을 올립니다.

생각건대 도(道)[5]는 형상이 없고, 하늘은 말이 없습니다.[6] 「하도」(河圖)

---

1 성학(聖學)이란 성인이 되기 위한 학문이란 의미이다. 퇴계는 선현의 학설 가운데에서 성학에 요긴한 10가지의 학설과 그림을 모아 『성학십도』를 만들어 선조(宣祖: 재위 1567~1608)에게 바쳤다. 각 학설의 저자와 그림의 작자, 『성학십도』를 상소하게 된 이유, 이 작품의 철학적 의미 등은 뒤에 첨부된 역자의 논문 「이퇴계의 『성학십도』 연구」 참조.

2 차(箚)는 신하가 임금에게 올리는 문서의 한 체 또는 상관이 하관에게 보내는 공문서이다. 여기서는 전자의 의미이다. 차자(箚子), 차문(箚文), 방자(傍子), 녹자(錄子)라고도 불렀다. 이 글은 『성학십도』의 서문에 해당한다. 퇴계는 서문에서 『성학십도』를 짓게 된 동기와 과정을 밝히고, 아울러 성학에 대한 자신의 생각을 보충하고 있다.

3 중추부는 고려시대 권력의 핵심 기관인 중추원(中樞阮)이었다. 세조 12년(1466) 중추부로 이름을 고친 이후 실권이 없는 형식적인 기관이 되었다. 관직은 임직(任職)이 없는 자에게 우대하는 의미로 주는 명예직으로 되었다.

4 중추부 관리. 영사(領事)는 정일품이고, 판사는 종일품이다.

5 퇴계가 말하는 도(道)는, 우주 자연과 인간을 포함한 모든 자연물을 존재하게 한 원인이라는 의미에서는 존재의 원리[所以然]이고, 모든 존재로 하여금 그러한 방법으로 자기 존재성을 실현하도록 하는 것이라는 의미에서는 당위의 원리[所當然]이다. 도(道)는 전체적으로 초월적이면서도 내재적인 영원불멸의 진리(眞理)를 가리키는데, 전통 유학에서 사용되는 태극(太極), 하늘(天), 이(理) 등의 개념과 일치한다. 이러한 진리가 사물에 내재화되어 있는 것을 사물의 성(性)이라고 부르며, 특히 인간에 내재화되어 있는 것을 인간의 본성(本性)이라고 부른다. 퇴계의 철학과 삶은 이 진리의 인식과 실천을 통하여 온전한 삶을 완성하려는 것이었다. 유학에서는 이러한 학문을 '자신의 인격 완성을 위한 학문'[爲己之學]이라고 불렀다.

6 『논어』 「양화」(陽貨) 19장에서는 공자가 "하늘이 무슨 말을 하는가! 사계절이 순환하고 만물이 자란다. 하늘이 무슨 말을 하는가!"[天何言哉! 四時行焉, 百物生焉, 天何言哉]라

·「낙서」(洛書)[7]가 나오자 성인이 그것에 의지하여 괘효(卦爻)[8]를 만드니, 도가 비로소 천하에 드러났습니다. 그러나 도는 넓고 넓으니 어디서 착수해야 하며, 고훈(古訓)은 천만 가지나 되니 어디에서부터 들어가야 하겠습니까?

성학(聖學)[9]에는 큰 단서가 있고, 심법(心法)[10]에는 지극한 요체가 있습

고 하였고, 『중용』 33장에는 "하늘이 하는 일은 소리도 없고 냄새도 없다."[上天之載, 無聲無臭]고 하였다. 유학에서는 포괄적이면서 궁극자로서 하늘은 여러 가지 개념으로 표현되는데 주재의 의미를 가리킬 때는 상제라고 부른다. 퇴계 역시 하늘을 리나 태극이라고 칭하면서도 주재적 측면을 강조할 때는 상제라고 부른다.

7 '하도'는 복희씨(伏羲氏) 때 황하에서 용마(龍馬)가 등에 지고 나왔다는 그림이며, '낙서'는 우(禹) 때 낙수(洛水)에서 나온 거북의 등에 있었다는 무늬이다. 하도는 『주역』의 원리가 되고, 낙서는 『상서』(尙書)에 나오는 홍범 9주(洪範九疇)의 바탕이 되었다(정설이 아님)고 한다. 『주역』「계사상」 11장에는 "황하에서 도가 나오고 낙수에서 서(書)가 나오자 성인이 이를 본받았다.[河出圖, 洛出書, 聖人則之]라는 말이 있고, 『논어』「자한」 8장에는 "봉황새가 오지 않고, 황하에서 도가 나오지 않으니, 나의 도는 끝났구나."[鳳鳥不至, 河不出圖, 吾已矣夫]라고 나온다.

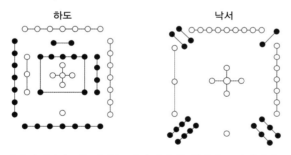

8 『역』(易)은 '모든 존재는 양면성의 통일'이라는 동아시아 문화의 음양(陰陽)사상에 기초하여 자연 가운데에서 일어나는 모든 현상을 64개의 괘(卦)라는 범주로 표현하고 있다. 6획으로 된 대성괘(大成卦)인 64괘는 소성괘(小成卦)인 8괘를 상하로 중복시킨 것이다. 6획은 아래로부터 2획씩과 땅과 사람과 하늘을 상징하며 각각의 획을 효(爻)라고 부른다.

9 유학사상의 두 기둥은 수기(修己)와 치인(治人)이다. 그러나 치인은 수기에 기초해서만 가능하다고 보기 때문에 일차적으로 수기가 강조된다. 따라서 성학이란 성인의 인격을 갖추기 위한 수기의 공부에 중점이 놓여 있다. 퇴계는 성학은 정일집중(精一執中)의 공부

니다. 그것을 그림으로 보이고 해설로 가리켜 사람에게 '도에 들어가는 문'[11]과 '덕을 쌓는 기초'[12]를 보여주는 것은 이 또한 후현들의 부득이한 일입니다.

하물며 임금의 마음은 온갖 일이 말미암는 바이며, 모든 책임이 모이는 곳이며, 뭇 욕구들이 서로 공격하고 뭇 사특함들이 번갈아 뚫고자 하는 곳입니다. 한 번 태만하여 소홀해지고 방종(放縱)이 계속되면 산이 무너지고 바다가 넘치는 것같이 될 것이니, 누가 막을 수 있겠습니까!

옛날의 성스러운 황제와 밝은 왕들은 이것을 걱정하여 삼가고 두려워하며 조심하고 근신하기를 날마다 날마다 해도 오히려 부족하게 여겼습니다. 사부(師傅)[13]의 관직을 세우고, 간쟁(諫諍)의 직책을 베풀어 앞에는

방법을 가리키고 심법은 존양성찰(存養省察)의 공부 방법을 가리킨다고 하여 두 가지로 구분하기도 한다.

10 성인이 되느냐 못되느냐는 문제는 인간의 마음과 관련된 문제이다. 인간의 실천은 육체를 통하여 이루어지지만, 인격의 고양은 마음의 변화를 전제로 한다. 그래서 수양론은 심성론과 심성의 수양 문제를 중요한 문제로 삼지 않을 수 없다. 심법이란 바로 이러한 문제에 대한 방법을 가리킨다.

11 선가(禪家)에서는 "큰 도에 문이 없다."[大道無門]라고 말하지만, 유학사상에서는 인간에게 진리에 들어가는 문이 열려있다고 본다. 진리가 인간에게 내재함으로써 이루어진 인간의 선한 본성이 곧 인간에게 진리를 향하여 열린 문이라는 것이다. 퇴계는 선한 본성에 따르는 행위인 선을 인식하고 실천하는 가운데 도의 세계에 들어가게 된다는 사실을 자신의 학문과 삶을 통하여 분명하게 밝히고 있다.

12 덕이란 득(得)과 같은 의미로 자주 설명된다. 도를 실천함을 통하여 인간의 마음 가운데 얻게 되는 것, 즉 선한 인격을 덕이라 부른다. 덕은 도를 한번 실천함으로써 쌓이는 것은 아니다. 도를 꾸준하게 실천함을 통하여 덕을 두텁게 쌓기 위해서는 도에 대한 인식이 점점 더 밝아지지 않으면 안 된다. 그러므로 도에 대한 바른 인식과 바른 인식에 바탕한 도의 반복된 실천은 바로 덕을 쌓는 기초가 된다고 할 수 있다.

13 『상서』「주관」(周官)에 "태사와 태부와 태보를 세우니, 이를 삼공이라 부른다. 이들은 도를 논하며 나라를 다스리고 음양을 고르게 다스린다."[立太師‧太傅‧太保, 玆惟三公. 論

의(疑)를, 뒤에는 승(丞)을, 왼쪽에는 보(輔)를, 오른쪽에는 필(弼)을 두었
습니다.¹⁴ 수레를 탈 때는 여분(旅賁)¹⁵의 규(規)가 있고, 조회(朝會)를 받
을 때는 관사(官師)의 법이 있으며, 안석[几]에 기댈 때는 훈송(訓誦)의
간(諫)이 있고, 침실에 들면 설어(褻御)¹⁶의 잠(箴)이 있으며, 일에 임해서
는 고사(瞽史)¹⁷의 인도가 있고, 편안하게 쉴 때는 공사(工師)¹⁸의 송(誦)이
있었습니다. 심지어 세숫대와 밥그릇, 안석과 지팡이, 칼과 들창문 등
무릇 눈길이 닿고 몸이 거처하는 곳에는 어디나 명(銘)이 있고 계(戒)가
있지 않은 데가 없었습니다. 그 마음을 유지하고 몸을 지키는 것이 이토
록 지극하였습니다. 그래서 덕이 날로 새로워지고 업(業)이 날로 넓어져
서 조그만 잘못도 없고, 도리어 커다란 명성이 남았습니다.

道經邦, 變理陰陽]라고 나온다.

14 의(疑), 승(丞), 보(輔), 필(弼)은 모두 고대의 관명으로, 천자의 앞뒤 좌우에서 모시고
있으면서 정사를 돕는 벼슬이다. 『예기집해』(禮記集解)에 "옛날에 천자는 반드시 사방에
이웃이 있었다. 앞에 있는 사람은 의라고 부르고 뒤에 있는 사람은 승이라고 부르며 왼쪽에
있는 사람은 의라고 보라고 부르고 오른쪽에 있는 사람은 필이라고 불렀다."[古者, 天子必
有四鄰, 前曰義, 後曰丞, 左曰輔, 右曰弼]라고 나와 있다.

15 여분(旅賁)은 주대의 관명이다. 고대에 천자나 제후를 호위하는 직책을 맡았다. 『주례』(周
禮) 『하관』(夏官) 「여분씨」(旅賁氏)에 "여분씨는 창과 방패를 관장하였다. 왕의 수레를
좌우에서 보호하며 다닌다. 왼쪽에 여덟 명이 있고 오른쪽에 여덟 명이 있는데, 수레가
멈추면 멈춘다."[旅賁氏掌執戈盾, 夾王車而趨, 左八人, 右八人, 車止則止]라고 나온다.
또 『국어』(國語) 「노어」(魯語)에는 "천자에게는 호분이 있으니, 무예에 능숙한 자들이다.
제후에게는 여분이 있으니 재해를 방지한다."[天子有虎賁, 習武訓也, 諸侯有旅賁, 禦災
害也]라고 나온다.

16 설어(褻御)는 임금 곁에서 가까이 모시는 시신(侍臣)이다.

17 고사(瞽史)는 주대(周代)의 관명이다. 고(瞽)는 태사(太師)로서 임금을 곁에서 모시고,
송시(誦詩)와 풍간(諷諫)을 맡았으며, 사(史)는 태사(太史)로서 천문(天文)과 사실의 기록
을 맡았다.

18 공사(工師)는 장인(匠人)의 우두머리를 가리킨다.

후세의 임금들은 천명을 받아 천위(天位)에 오른 만큼 그 책임이 지극히 무겁고 지극히 큰 것이 어떠하겠습니까마는, 이처럼 엄하게 자신을 다스리는 도구는 하나도 갖추어지지 않았습니다. 왕공(王公)이라는 높은 자리, 억조백성들이 떠받드는 자리에서 편안히 스스로 성인인 체하고 오만하게 스스로 방종하니, 마침내 어지럽게 되어 멸망하게 되는 것 또한 어찌 이상하게 여길 만한 일이겠습니까? 그러므로 이런 때에 신하된 사람으로서 임금을 도에 맞도록 인도하려는 자는 진실로 그 마음을 다하지 않음이 없었습니다. 장구령(張九齡)[19]이 「금감록」(金鑑錄)[20]을 바친 것이나 송경(宋璟)[21]이 「무일도」(無逸圖)[22]를 드린 것, 이덕유(李德裕)[23]가 「단의육잠」(丹扆六箴)[24]을 드린 것이나 진덕수(眞德秀)[25]가 「빈풍칠월도」(豳風七

---

19 장구령(678~740)은 당 현종 때의 대신이며 시인(詩人)이었다. 소주(韶州) 곡강(曲江, 오늘날 광동성에 속함) 사람으로 저술에 『곡강집』(曲江集)과 『천추금감록』(千秋金鑑錄)이 있다.

20 당 현종 때는 8월 5일이 황제의 생일인 천추절(千秋節)이었다. 천추절에는 신하들이 거울을 바쳐 축하하는 관례가 있었는데, 그때 장구령은 『천추금감록』(千秋金鑑錄)을 지어 바쳤다. 이 책은 역대 정치의 잘잘못을 적어서 후대의 거울로 삼게 한 것이다.

21 송경(663~737)은 당 현종 때의 현신으로 화북성 형주(邢州) 남화현(南和縣) 사람이다.

22 송경은 주공(周公)이 성왕(成王)을 경계하기 위하여 지은 『상서』(尙書) 「무일」(無逸)의 내용을 그림으로 그려 왕에게 올렸다.

23 이덕유(787~850)는 당나라의 재상 이길보(李吉甫)의 아들로 여섯 왕을 섬긴 현신이다. 저술에 『회창일품집』(會昌一品集)이 있다.

24 단의(丹扆)란 황제가 제후를 대할 때 뒤에 세우는 붉은 병풍인데, 이덕유는 단의에 적을 여섯 가지 잠언을 지어 경종(敬宗)에게 바쳤다. 여섯 가지 잠의 내용은 첫째, 조회를 늦게 보는 것을 풍간한 소의(宵衣), 둘째, 복어(服御)가 법도에 맞지 않음을 풍간한 정복(正服), 셋째, 괴이하고 진귀한 물품을 거둬들이는 것을 풍간한 파헌(罷獻), 넷째, 충언을 모욕하고 거절하는 것을 풍간한 납회(納誨), 다섯째, 군소잡배(群小雜輩)를 신임하는 것을 풍간한 변사(辨邪), 여섯째, 위장하고 함부로 돌아다니는 것을 풍간한 방미(防微)이다. 이것은 『구당서』(舊唐書) 「이덕유전」(李德裕傳)에 나온다.

月圖)²⁶를 올린 것 등은, 모두 임금을 사랑하고 나라를 걱정하는 간절한 충정과 선을 베풀고 가르침을 드리는 지극한 성의 때문이니 임금으로서 깊이 생각하고 경복(敬服)하지 않을 수 있겠습니까!

　신은 지극히 어리석고 고루한 몸으로서 여러 조대(朝代)에 걸쳐 베풀어 주신 은혜를 저버리고 시골에 병폐(病廢)되어 초목과 더불어 같이 썩고자 기약하였습니다. 그러나 뜻밖에 빈 이름이 잘못 전해져서 강연(講筵)의 중임(重任)으로 부르시니, 황공하기 짝이 없으나 사양하고 피할 길이 없습니다. 기왕 외람되게 이를 받게 되었으니, 성학을 권도(勸導)하고 왕의 덕을 보양(輔養)하여 요·순(堯·舜)의 융성한 정치에 이르기를 기약함은 비록 사양하려고 하여도 할 수 없는 것이니, 어떻게 해야만 되겠습니까? 다만 신은 학술이 거칠고 언변이 어눌한데다가 천한 병이 끊임없어 입시(入侍)를 자주 못하여 겨울 이후로는 거의 전폐에 이르렀으니, 신의 죄는 만 번 죽어 마땅합니다. 근심과 두려움을 금하지 못합니다.

　신이 생각건대 처음에 글월을 올려 학문을 논한 말²⁷이 임금의 뜻을

25　진덕수(1178~1235)는 남송의 대신이다. 자는 경원(景元)인데 뒤에 희원(希元)이라고 고쳤다. 호는 서산(西山)이다. 건주(建州) 포성(浦城, 지금의 복건성) 사람이다. 그는 주희를 스승으로 삼아 『대학연의』(大學衍義), 『심경』, 『문장정종』(文章正宗) 등을 지었으며, 『서산집』이 있고 『송사』(宋史)에 전이 있다.

26　진덕수는 『시경』 「빈풍」(豳風)의 「칠월」(七月)이란 시의 내용을 그림으로 그려 왕에게 올렸으니, 이것이 「빈풍칠월도」(豳風七月圖)이다. 빈은 주나라 선대의 도읍지였다. 빈풍은 빈지역의 민요라고 할 수 있다. 「칠월」이라는 시는 주공이 성왕을 위하여 지은 작품으로 주나라 조상들이 계절의 변화에 따라 농사지으며 생활하는 모습을 읊은 노래이다.

27　이 해(무진년) 8월에 올린 6조(條)의 소(疏), 즉 「무진육조소」(戊辰六條疏)를 가리킨다. 「육조소」 가운데서 제3조 '성학을 돈독히 하여 정치의 근본을 세울 것', 제4조 '도술을 밝혀 인심을 바로잡을 것', 제6조 '수성(修省)을 정성스럽게 하여 하늘의 사람을 이어받을 것' 등 3개 조는 『성학십도』의 내용과 유사하다.

감발(感發)시키지 못했고, 그 뒤에 부르심에 나아가 자주 드린 말씀[28]도 전하의 슬기에 도움을 드리지 못하였으니, 미미한 신의 간절한 생각으로 어찌할 바를 모르겠습니다. 오직 옛 현인·군자가 성학을 밝히고 심법을 얻어서 그림을 그리고 도설을 지어 도에 들어가는 문과 덕을 쌓는 기초를 사람들에게 보여주었던 것이 세상에 전해져 해와 별같이 환하므로, 감히 이것을 임금께 올려 옛 제왕(帝王)들의 공송(工誦)[29]·기명(器銘)[30]의 유의(遺意)에 대신하고자 하니, 혹 옛날의 중요한 것을 빌려 장래에 유익함이 있기를 바라기 때문입니다.[31]

그래서 그 가운데서 가장 두드러진 것 일곱 가지를 선택하였습니다. 그중 「심통성정도」(心統性情圖)는 「정씨도」(程氏圖)[32]에다가 신이 만든 두 개의 작은 도를 붙인 것입니다. 나머지 셋은[33] 신이 그림은 만들었으나 글과 뜻 그리고 조목과 규획(規畫)은 한결같이 선현들에 의하여 서술된 것이며, 신이 창조한 것은 아닙니다. 합하여 『성학십도』를 만들고 그림마다 밑에 저의 생각을 붙여 삼가 정사(淨寫)하여 올립니다. 다만 신이 춥고 병든 몸으로 스스로 이 일을 하니, 눈이 어둡고 손이 떨리어 글씨가

---

28 이 해 9월 이후 퇴계는 경연에서 왕을 위하여 아홉 차례의 강의를 하였다.

29 악공(樂工)이 시를 지어 임금에게 들려주는 것을 말한다.

30 임금이 일상 쓰는 그릇에 명문(銘文)을 새겨 임금을 깨우치고 경계하도록 하는 것이다.

31 정석태(鄭錫胎)의 퇴계선생년표월일조록(退溪先生年表月日條錄)에 의하면 퇴계 선생은 11월 16일 석강을 하셨다. 다음 달인 12월 16일에 성학십도를 바쳤으니 불과 한 달 사이에 위대한 작품이 완성된 것을 알 수 있다. 물론 각도에 대한 연구는 이전에 이미 축적되어 있었다.

32 정씨는 원대(元代)의 성리학자 임은(林隱) 정복심(程復心, 1279~1368)을 가리킨다. 자는 자견(子見)이며, 저서에 『사서장도』(四書章圖)가 있다.

33 「소학도」, 「백록동규도」(白鹿洞規圖), 「숙흥야매잠도」(夙興夜寐箴圖)를 가리킨다.

단정치 못하고 글줄과 글자에 모두 격식이 없습니다. 다행히 물리치지 않으신다면, 원본을 경연관(經筵官)에게 내려 자세히 정론(訂論)하여 잘못을 고치도록 하십시오. 그리고 다시 글씨 잘 쓰는 사람을 시켜 정본(正本)을 정사(精寫)하여 해당 관청의 부서에 내려 병풍(屛風)을 하나 만들게 하여 평소 한가롭게 지내는 곳에 펴놓으시고, 따로 아름답게 장식하여 조그마한 첩(帖)을 만들어 궤안(几案)에 올려 놓으십시오. 굽어보고 우러러보고 돌아보고 곁눈질하는 사이에 모든 내용을 보고 살펴 경계함이 있게 되신다면, 충성된 뜻을 바치려는 보잘것없는 저의 마음에 이보다 더 다행이 없겠습니다.

그런데 그 의의(意義)에 대하여 다 말씀드리지 못한 점이 있으므로 제가 다시 말씀드리겠습니다.

제가 들으니, 맹자는 말하기를 "마음이 맡은 일은 생각이다. 생각하면 얻고 생각하지 않으면 얻지 못한다."[心之官則思, 思則得之, 不思則不得也][34] 하였고, 기자(箕子)[35]가 무왕(武王)[36]을 위하여 홍범(洪範)[37]을 진술할

---

34 『맹자』「고자상」 15장에 나온다.

35 은의 마지막 왕인 주(紂)의 제부(諸父)로 기(箕) 땅에 봉하여진 사람이다. 그는 왕이 학정을 하여 간언을 하였지만 듣지 않자, 거짓으로 미친 척하다가 주(紂)에 의하여 구속되었다. 주(周) 무왕이 은을 멸망시킨 뒤 그를 석방시켜주고 가르침을 청하자 그에게 홍범(洪範)을 가르쳤다고 한다.(『사기』「은본기」와 『서경』「홍범」 참조)『사기』「조선전」에 의하면 그는 그 뒤 조선왕에 봉하여진 것으로 나온다. 우리나라 상고사 연구에서는 기자의 동래설(東來說)을 인정하지 않는다.

36 그는 주(周) 문왕의 아들로서 은을 무력으로 평정하고 중원을 통일하였다.

37 우(禹)가 9년 동안의 홍수를 다스린 다음 하늘이 「낙서」를 내려 주었는데 이것을 본받아 정치의 법도를 만든 것이 「홍범」이다. 무왕이 은을 이긴 다음 기자를 석방하고 그에게 천도를 물으니 「홍범」을 가르쳐 주었다고 한다. 기자가 무왕에게 가르쳤다는 「홍범」은 『상서』의 한편으로 남아있다. '홍범'이란 천지의 큰 법도라는 의미이다.

때에도 "생각의 덕은 사려의 밝음[睿]이니, 사려가 밝게 되면 진리에 통달한 성인이 된다."³⁸고 하였습니다. 대저 마음은 방촌(方寸)³⁹에 갖추어져 있지만 매우 '텅 비고 신령한'[虛靈]⁴⁰ 것이요, 진리[理]⁴¹는 도서(圖書)⁴²에 나타나 있지만 매우 '뚜렷하고 알찬'[顯實]⁴³ 것입니다. 매우 텅 비고 신령한 마음으로 매우 뚜렷하고 알찬 진리를 구한다면 얻지 못할 까닭이

---

38 「홍범」의 아홉 가지 가르침 가운데서 두 번째가 '다섯 가지 일'이다. '다섯 가지 일'이란 용모, 말, 보는 것, 듣는 것, 생각 등 개인의 삶에서 가장 중요한 것이다. 이 다섯 가지 일의 덕을 "용모는 공경, 말은 순조로움, 보는 것은 눈밝음, 듣는 것은 귀밝음, 생각은 사려의 밝음"이라고 하고 다시 다섯 가지 덕의 공과(功課)에 대하여 "공경하면 엄숙하게 되고, 순조로우면 조리 있게 되고, 눈밝으면 지혜롭게 되고, 귀밝으면 일을 도모할 수 있게 되고, 사려가 밝으면 이치에 통달한 성인이 된다."라고 하였다.

39 방촌은 사방 한 마디의 크기라는 뜻으로 심장을 가리킨다. 옛날 사람들은 심장이 곧 마음이라고 생각하였다. '心'이라는 글자는 심장의 상형자이다. 그러나 퇴계는 심장은 신명(神明)이 머무르는 집이지, 심장이 곧 마음은 아니라고 한다.

40 성리학에서는 마음을 '텅 비고 신령스러워 지각할 수 있는' 인간의 주체로 본다. 이러한 입장에서는 마음을 실재로 받아들인다. 마음을 체용으로 설명하는 경향이 있는 동양철학의 일반적 입장도 대체로 이와 같다.

41 퇴계에게 있어서 '이'(理)는 도(道), 천(天), 태극(太極), 상제(上帝), 진(眞), 진리(眞理) 등 문맥에 따라 여러 가지 이름으로 불리지만, '진리'라는 개념이 현대적 의미에 가장 적합하다고 생각한다. 그러나 퇴계가 '진리를 함양한다'[養眞]고 할 때의 '진리'는 논리학에서 말하는 참(true)·거짓(false)의 참과 구별되어야 한다.

42 여기서 도와 서는 하도와 낙서를 가리키는지, 십도와 십도의 도설들을 가리키는지 분명하지 않다. 역자는 후자의 의미로 이해한다.

43 진리는 '뚜렷하고 알찬 것'이라는 이 표현 가운데서 퇴계의 진리에 대한 확신감을 읽을 수 있다. "사람의 마음은 위태롭고 도심은 은미하다."라고 하여 진리의 마음은 은미하다고 하는 것이 일반적인 표현이지만, 퇴계는 이곳에서 "진리는 뚜렷하고 알차다."라는 표현을 통하여 자신의 진리관을 분명하게 드러내고 있다. 퇴계에게 있어서 진리는 "지극히 텅 비고 지극히 알찬 것이며, 지극한 없음의 상태이면서 지극한 있음을 포괄하는 것이며, 움직이되 움직임이 없고, 고요하되 고요함이 없는" 허실(虛實), 유무(有無), 동정(動靜) 등 현상계에서는 동시에 존재할 수 없는 모순된 개념을 동시에 포괄하는, 모순을 넘어서 있는 영원불멸의 절대 진리이다.

없을 것입니다. '생각하여 얻고', '사려가 밝게 되어 진리에 통달한 성인이 됨'을 어찌 오늘날이라고 징험(徵驗)할 수 없겠습니까? 마음이 텅 비고 신령하지만 경(敬)으로 주재함이 없으면 일이 눈앞에 닥쳐도 생각하지 못하게 되고, 진리가 뚜렷하고 알차지만 밝게 비추지 못하면 눈으로 날마다 접하고도 보지 못하게 됩니다. 그러므로 그림을 바탕으로 해서 생각을 소홀히 해서는 안 됩니다.

또 들으니 공자는 "배우고 생각하지 아니하면 얻는 것이 없고, 생각하고 배우지 않으면 위태롭다."[學而不思則罔, 思而不學則殆][44]고 하였습니다. 배운다는 것은 그 일을 익혀 참으로 실천한다는 뜻입니다. 대개 성인의 학문은 마음에 구하지 않으면 어두워져 얻는 것이 없으므로 반드시 생각하여 그 미묘한 이치에 통해야 합니다. 일을 익히지 아니하면 위태롭고 불안하므로 반드시 배워서 그 알찬 것을 실천해야 합니다. 생각과 배움은 서로 발명(發明)하고 서로 도와줍니다.[45]

---

44 『논어』「위정」(爲政) 15장. '망'(罔)은 우리말의 '멍청하다'는 의미에 가깝다. 배우고 생각하지 않는다면, 많이 외우고는 있더라도 실제 상황에 부닥치면 어떤 일도 처리할 수 없기 때문에 멍청하다고 한다. 생각만 하고 고전을 통하여 법도를 익히지 않으면 몸에 익숙하게 되지 않으므로 위태롭다고 하였다. 여기서는 생각은 인식을 의미하고 배움은 실천을 의미한다.

45 유학에서 '학'(學)이란 배운다는 의미이다. 스승에게서 어떤 것을 배운다면 내용에 관계없이 다 배우는 것이 되겠지만, 유학에서 배움의 대상은 삶 자체였다. 올바른 삶, 선한 삶이 이들이 배우고 가르치는 대상이었다. '학'(學) 자와 '문'(間) 자가 합하여 이루어진 '학문'(學問)이란 삶의 길에 대한 배움과 물음을 의미한다. 배움과 물음이 삶의 길에 대하여 타자로부터 도움을 받고자 하는 것이라면 '생각'이란 자각과 자득의 노력이다. 아무리 많은 것을 배워도 자각과 자득의 노력이 없다면, 인간은 진리를 자득할 수 없다. 그러나 생각만으로 진리에 도달할 수도 없다. 생각하여 얻은 진리를 실천할 때 다음 단계의 인식을 위한 준비가 갖추어진다. 진리의 인식과 실천, 이 두 가지는 서로를 밝혀주고 서로 증진시키는 것이다.

　　바라건대 밝으신 임금께서는 이러한 이치를 깊이 살펴, 먼저 뜻을 세워 "순은 어떤 사람이고 나는 어떤 사람인가? 노력하면 이렇게 된다."[舜何人也, 予何人也, 有爲者亦若是][46]라고 생각하시고, 분발하여 배움과 생각이라는 두 가지 공부에 힘쓰십시오. 그런데 경(敬)을 유지하는 것은 생각과 배움에 다 필요하고 동(動)·정(靜)에 다 일관해야 하는 것으로, 안과 밖을 합치시키고 현(顯)과 미(微)를 하나로 하는 방법입니다.[47] 그러므로 공부하는 방법[48]은 반드시 '가지런하고 장엄하며 고요하여 전일한'[齊莊靜一] 가운데 이 마음을 보존하고,[49] '배우고 묻고 생각하고 변별하는'[學問思辨] 즈음에 이 진리를 궁구하여,[50] 보이지 않고 들리지 않을 때에도

46　『맹자』「등문공상」(騰文公上) 1장. 맹자가 요·순을 예로 들며 세자 시절의 등문공에게 인간의 본성이 선함에 대하여 거듭 설명하였다. 세자가 맹자에게 거듭 가르침을 청하자 "방법은 하나뿐이다."라고 말한 다음 이어서 이렇게 말하였다. 이 말은 안연(顏淵)의 말을 맹자가 다시 인용한 것으로 되어 있다. 인간의 본성은 선하기 때문에 선한 삶을 실천하기만 하면 누구나 요·순과 같은 성인이 될 수 있다는 의미이다.

47　현(顯)은 현상이며 미(微)는 은미한 이치를 가리킨다. "본체와 작용은 근원이 하나이며 현상과 진리 사이에는 틈이 없다."[體用一源, 顯微無間]는 것이 퇴계의 자연관이며 사물관이다. 본체와 작용, 현상과 진리는 뿌리를 공유하며 서로 떨어질 수 없는 것이지만, 인간이 삶을 통하여 이러한 상태를 인식하지 못하고 실천을 통하여 실현하지 못한다. 인식과 실천의 공부를 할 때나 동정의 삶 전체를 통하여 경(敬)을 유지할 때 인간의 삶은 내외가 합치되고 본체와 현상이 하나가 되는 삶을 회복하게 된다고 설명하고 있다.

48　원문은 '기위지지법'(其爲之之法)이다. 기존의 해석에서는 모두 경(敬)의 방법으로 보고 있는데, 역자는 앞서 인용한 『맹자』의 "노력하면 이렇게 된다."[有爲者亦若是]의 '노력함'의 방법으로 본다. 지금까지 생각[思]과 배움[學]을 설명하고 이 두 가지를 하는 데 공통적으로 전제되어야 하는 자세가 경(敬)임을 말한 다음, 다시 도(圖)에 바탕해서 구체적인 방법을 설명하기 위해서 '노력하는 방법은'이라고 말하고 있다. 여기서부터 "천일합일의 오묘함을 얻게 된다."까지는 『성학십도』에서 다 밝히지 못한 퇴계 자신의 성학론(聖學論)이라고 볼 수 있다. 퇴계의 성학론은 "경을 바탕으로 하여 인식과 실천의 공부를 끊임없이 쌓아가는 것이 성인됨의 길이다."라고 할 수 있다.

49　이 부분은 경(敬)의 핵심을 설명하고 있다.

경계하고 두려워하는 것이 더욱 엄하고 공경스럽게 하며,[51] 은미(隱微)하고 그윽하여 홀로만 아는 마음의 기미에 대하여 성찰(省察)하는 것을 더욱 정밀하게 하는 것[52]입니다. 하나의 그림에 나아가 생각할 때는 그 그림에 전일하여 다른 그림이 있음을 알지 못하는 것처럼 하고, 한 가지 일을 익힐[習][53] 때는 그 일에 전일하여 다른 일이 있음을 알지 못하는 것처럼 하여야 합니다. 아침 저녁으로 늘 그렇게 하고, 오늘도 내일도 계속하여야 합니다. 혹은 야기(夜氣)[54]가 청명(淸明)한 때에 차근차근 실마리를 풀어 완미(玩味)해 보거나 혹은 응대하는 일상생활에서 체험하고 길러야 합니다.

....

50 이 부분은 '이치를 궁구함'[窮理]에 대한 설명이다.

51 이 부분은 『중용』 1장의 "보이지 않는 것을 삼가고 신중하며, 들리지 않는 것을 두려워한다."[戒愼乎其所不睹, 恐懼乎其所不聞]를 줄인 표현으로, 미발(未發)일 때 '진리를 보존하여 기르는 것'[存養]에 대한 설명이다. 보이지 않고 들리지 않는 본체인 내면의 환한 진리에 대하여 엄숙함과 공경을 유지함으로써 진리를 함양하여야 한다는 의미이다.

52 이 부분은 『중용』 1장의 "숨은 가운데서 가장 잘 나타나고 은미한 가운데 가장 잘 보인다. 그러므로 군자는 반드시 혼자만 아는 마음을 신중하게 살핀다."[莫顯乎隱, 莫見乎微, 故君子必愼其燭也]는 내용을 줄인 표현으로, 이발(已發)의 때에 마음의 기미를 잘 살펴야 한다는 '성찰'(省察)에 대한 설명이다. 전체 내용을 압축하면 거경·궁리·존양·성찰 이 네 가지가 공부의 방법이라는 것이다.

53 퇴계는 생각과 배움은 서로 밝혀주고 서로 도와 증진시켜 주는 것이라고 하였다. 퇴계가 생각과 배움을 대비시킬 때 이때의 배움은 실천적인 학습을 의미한다. 실천적 학습에서는 반복된 실천을 통하여 몸에 익히는 것이 중요하기 때문에, 퇴계는 여기서 배움이나 실천[行]이라는 용어 대신 '익힘'[習]이라는 단어를 사용하고 있다.

54 『맹자』「고자상」 8장에 나온다. 맹자는 성선설에 기초하여, 모든 인간의 본성은 선하여 인의를 실천할 수 있는 마음을 지니고 있다고 주장하였다. 비록 선한 본성을 상실한 사람도 새벽이 되면 밤에 고요하게 잠자는 동안에 본성이 회복되어 다른 사람처럼 선하게 된다고 하였다. 밤 동안 회복되어 맑게 된 기운을 그는 야기(夜氣)라고 하였다. 이 야기를 잘 보존하면 본래적 인간이 될 수 있다고 맹자는 말하였다.

처음에는 마음대로 안 되고 서로 모순됨이 있는 근심이 없을 수 없고, 또 때로는 지극히 괴롭고 불쾌한 병통도 있겠지만, 이것은 바로 옛사람이 말한 장차 크게 나아갈 기미이며 또한 좋은 소식의 단서라 할 수 있습니다. 절대 이 때문에 스스로 그만두지 마시고, 더욱 자신감을 가지고 힘써야 할 것입니다. 진리가 많이 쌓이고 노력이 오래되면 자연히 마음이 진리와 서로 머금게 되어 자신도 모르는 사이에 융회(融會)하여[55] 관통(貫通)하게 됩니다. 그리고 익힘과 일이 서로 익숙해져서 차츰 모든 행동이 순탄하고 자연스럽게 됨을 보게 될 것입니다. 처음엔 일을 한 가지씩만 다스렸지만, 이제는 하나의 근원과 만나게 될[56] 것입니다. 이는 실로 맹자가 말한 '도에 깊이 나아가 도를 자득한'[深造自得][57] 경지이며, "내면에서 우러난다면 어찌 그만둘 수 있겠는가?"[58]의 체험입니다. 계속해서

---

55 퇴계는 진리에 대한 인식을 서술할 때 '융해'(融解), '융석'(融釋), '융회'(融會), '융철'(融徹)이라고 하여 '융'(融) 자를 즐겨 사용하였다. '융'(融) 자는 화학실험실에서 자주 사용되는 용어로, "어떤 것이 녹아서 다른 어떤 것과 하나가 된다."는 의미이다. 진리의 인식으로 기운의 찌꺼기나 마음의 찌꺼기가 녹아 없어지며 근원적인 진리와 하나가 되는 과정이라는 의미이다. 역자의 박사논문 『이퇴계 학문론의 체용적 구조에 관한 연구』(서울대 1993년 2월) 「제5장 학문의 성취」에서 자세히 다루었다.

56 원문은 '극협우일'(克協于一)이다. 『서경』 「함유일덕」(咸有一德)에는 '협우극일'(協于克一)로 나오지만 같은 의미이다. 여기서 '일'(一)이란 만물의 근원이 되는 진리를 가리킨다.

57 『맹자』 「이루하」(離婁下) 14장에 나온다.

58 『맹자』 「이루상」 27장에 "인의 내용은 어버이를 섬기는 것이다. 의의 내용은 형에게 따르는 것이다. 지혜의 내용은 이 두 가지를 알아서 버리지 않는 것이다. 예의 내용은 이 두 가지를 절도 있게 행하는 것이다. 음악의 내용은 이 두 가지를 즐기는 것이다. 즐기게 되면 생동하게 되니 생동하게 되면 어찌 그만둘 수 있겠는가!"[仁之實, 事親是也, 義之實, 從兄是也, 智之實, 知斯二者弗去是也, 禮之實, 節文斯二者是也, 樂之實, 樂斯二者, 樂則生矣, 生則烏可已也]라고 나오는데, 이때 생동한다[生]는 것은 내면에서 인의를 실천하려는 마음이 저절로 생동하여 솟아난다는 것으로, 도의 자발(自發)·자생(自生)을 의미한다.

부지런히 힘써 나의 재능을 다하면 안자(顔子)⁵⁹의 '인을 어기지 않는 마음'⁶⁰과 '나라를 다스리는 사업'⁶¹이 다 그 속에 있게 될 것이며, 증자(曾子)⁶²가 말한 충서(忠恕)⁶³로 일관하게 되어 도를 전할 책임이 자기 몸에 있게 될 것입니다. 일상생활에서 경외함이 떠나지 않게 되어 '중화를 극

---

59 안연(B.C.521~B.C.481)의 이름은 회(回), 자는 자연(子淵)이다. 공자는 그를 가장 학문을 사랑하는 제자라고 하면서 총애하였다. 『논어』 「선진」(先進)의 8장과 9장에는 안연이 죽었을 때 공자가 "하늘이 나를 망하게 하는구나! 하늘이 나를 망하게 하는구나!"[天喪予, 天喪予]라고 탄식한 것과 "내가 이 사람을 위하여 슬퍼하지 않는다면 누구를 위하여 슬퍼하겠느냐!"[非夫人之爲慟而誰爲]라고 한 사실이 실려 있다. 일반적으로 그는 공자보다 30년 연하로 32세에 죽은 것으로 되어 있다. 즉 B.C. 521년에 태어나서 B.C. 490년에 사망한 것으로 되어 있다. 그러나 그가 사망한 연대는 공자가 71세 되던 B.C. 481년이므로 41세 때 사망한 것으로 보아야 한다는 설이 있는데, 역자는 이 설이 타당하다고 생각한다. 후세에 그는 아성(亞聖)으로 인정되어 맹자보다 높게 평가되었다.

60 『논어』 「옹야」(雍也) 5장에 "안연은 삼 개월 동안 인을 어기지 않았다."[顔淵三月不違仁]라고 나온다.

61 『논어』 「위령공」(衛靈公) 11장에, 안연이 나라를 다스리는 방법에 대하여 공자에게 질문하자 공자가 "하나라의 책력을 사용하고, 은나라의 수레를 타고, 주나라의 관복을 입고, 음악은 순임금의 소(韶) 음악을 사용하고 정(鄭)나라의 음악을 물리치고, 아첨하는 사람들을 멀리해야 된다. 정나라 음악은 음란하고, 아첨하는 사람은 위태롭다."[行夏之時, 乘殷之輅, 服周之冕, 樂則韶舞, 放鄭聲, 遠佞人, 鄭聲淫, 佞人殆]고 대답한 내용이 나온다.

62 증자(B.C. 505~B.C. 435)의 이름은 삼(參)이고, 자는 자여(子輿)이다. 그는 공자의 도를 계승하여 후세에 전한 유일한 제자이다. 그의 아버지 증점(曾點)도 공자의 제자였다. 증자가 『효경』(孝經)과 『대학』을 편찬하였다고 하지만 고증 결과 믿기 어려운 점도 있다.

63 『논어』 「이인」(里仁) 15장에서, 공자가 증삼에게 "나의 도는 하나로 꿰뚫었다."[吾道一以貫之]고 말하자, 증자는 곧바로 "그렇습니다."[唯]라고 대답하였다. 공자가 나가신 뒤 제자들은 두 사람 사이에 오고간 대화 내용에 대하여 이해가 되지 않았다. 그래서 증자에게 "무슨 말이냐?"[何謂也]고 물었다. 증자는 다시 "선생님의 도는 충서일 따름이다."[夫子之道忠恕而已矣]라고 대답하였다. 공자의 도는 충서 하나로 꿰뚫었다고 증자가 해석한 셈이다. '충'(忠)은 글자 모양 그대로 '중심'(中心), 곧 '속마음을 다 한다'는 의미이고, '서'(恕)는 '여심'(如心), 곧 '같은 마음' 내지는 '같이 여기는 마음'이라는 의미이다. 주희는 "자기 마음을 다하는 것을 충이라고 하고, 자신을 미루어 남에게 미치는 것을 서라고 한다."[盡己之謂忠, 推己之謂恕]라고 하였다.

진하게 이루어 천지가 제자리에서 운행되고 만물이 육성되는'⁶⁴ 공을 이
룰 수 있고, 덕행이 일상의 윤리를 벗어나지 않는 가운데 천인합일(天人
合一)⁶⁵의 오묘함을 여기서 얻을 수 있는 것입니다.

　이 그림과 도설은 겨우 열 폭의 종이에 취하여 적어 놓은 것일 뿐이지
만, 생각하고 익히며 평소 편안히 거처하는 곳에서 공부하는 과제로 삼으
신다면, 도를 이루어 성인이 되는 요령과 근본을 바로잡아 정치를 경륜
(經綸)하는 근원이 모두 여기에 갖추어져 있습니다. 오직 왕께서 거울 같
은 지혜로 정신을 머물게 하고 생각을 기울여 처음부터 끝까지 반복하여
보시는 데 달려있습니다. 경미(輕微)한 것이라고 해서 소홀히 하거나 번
잡하다 해서 버리지 않으신다면, 종묘와 사직이 아주 다행스러울 것이고
신민(臣民)도 크게 다행스러울 것입니다. 신은 '시골 사람들이 왕에게 미
나리와 햇볕을 올리는 정성'⁶⁶을 누르지 못하여 제왕의 위엄을 번거롭게
함을 무릅쓰고 바칩니다. 황공한 마음에 숨을 가누고 처분에 맡깁니다.

---

64 『중용』(中庸) 1장에 나온다.

65 동양에서의 학문의 목표는 자연과의 합일, 곧 천인합일이다. 이때 천은 진리를 가리키는
데, 진리란 자연과학에서 말하는 물질의 조리가 아니라 자연현상을 가능하게 하는 자연의
원리이다. 여타의 생물은 이 원칙에 따라 살아가면서도 이 원리를 자각하지 못한다. 오직
인간만이 이 원리에 대한 자각을 통하여 이 원리에 기초한 삶을 살고, 더 나아가서 이
원리와 하나가 된 삶을 영위할 수 있다. 퇴계가 여기서 말하는 천인합일이란 바로 이러한
의미이다. 동양학에서 자연은 학문을 통한 지배의 대상이 아니라, 학문을 통하여 그것과
하나 된 삶을 이루고자 하는 학문의 목적이다.

66 원문은 '야인근폭지성'(野人芹曝之誠)이다. 『열자』(列子) 「양주」(楊朱)에 나오는 말로,
옛날에 초야에 묻혀 사는 백성이 임금에게는 온갖 진미의 음식과 따뜻한 의복 및 방 등이
있다는 것을 미처 모르고, 미천한 음식인 미나리[芹]를 먹어보니 맛이 있어 임금께 바치려
하였다든가, 추운 겨울에 따뜻한 볕을 쬐다가[曝] 볕 쬐는 법을 임금께 알려 주고 싶어
하였다는 고사에서 나온 말이다. 자신이 바치는 『성학십도』를 보잘것없지만, 자신의 정성
만은 인정하여 달라는 퇴계의 겸허하고 간곡한 표현이다.

1

태극도

太極圖

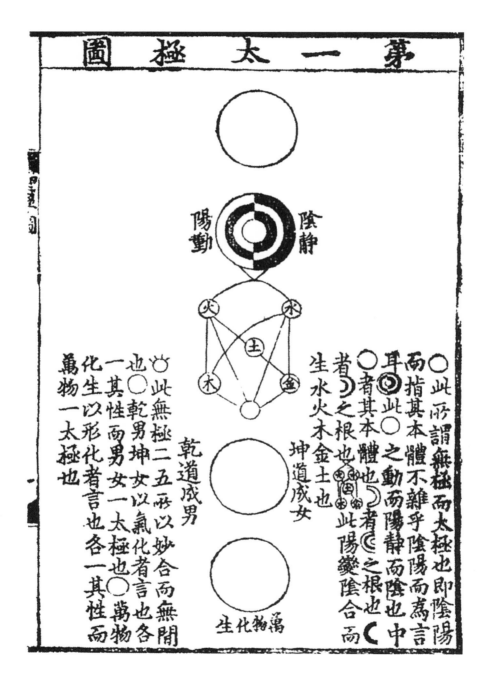

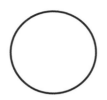

움직여 양이 됨  고요하여 음이 됨

⭕이것은 무극이면서 태극
이라는 것이다. 음양에 즉(卽)
하여 음양과 섞이지 않는 본체
를 가리켜 말한 것이다.

◎이것은 ⭕이 움직여 양
이 되고 정지하여 음이 된 것
이다. 가운데 있는 ⭕은 그
본체요, ☽은 ☾의 뿌리요,
☾은 ☽의 뿌리이다.

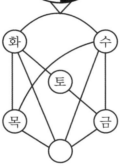

◯이것은 무극·음양·오행
이 묘합하여 틈새 없이 된 것
이다.

◯의 '건의 도가 남성이 되
고 곤의 도가 여성이 된다'고
한 것은 기화(氣化)한 것을
말하는 것이니, 각각 그 성
을 하나씩 가지므로 남녀가
각각 하나의 태극을 가진다
는 것이다.

건(乾)의 도(道)가 남성이 됨 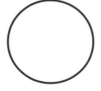 곤(坤)의 도(道)가 여성이 됨

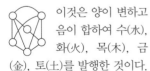이것은 양이 변하고
음이 합하여 수(水),
화(火), 목(木), 금
(金), 토(土)를 발행한 것이다.

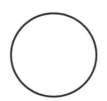

◯의 '만물이 화생함'이라
고 한 것은 형화(形化)하는
것으로 말하는 것이니, 각각
그 성을 하나씩 가지므로 만
물이 각각 하나의 태극을 가
진다는 것이다.

만물이 화생(化生)함

「태극도설」(太極圖說)[67]

무극(無極)[68]인 태극(太極)[69]이 있다.[70]

태극이 움직여서 양을 낳고, 움직임이 극한에 이르면 고요해지는데, 고요해져서 음을 낳는다.[71]

---

67 「태극도」와 「태극도설」은 주돈이(周敦頤, 1017~1073, 자는 茂叔, 호는 濂溪)가 지은 것이다. 이 도와 도설에 대한 설명은 『성리대전』(性理大全) 1권에 자세하며 『근사록』(近思錄) 1권에도 나온다. 이는 성리학의 존재론을 설명한 작품으로 성리학에서 가장 중요한 자리를 차지한다.

68 무극이라는 용어는 유가의 경전에는 애초에 없었다. 『도덕경』(道德經) 28장의 "다함이 없는 데로 돌아간다."[復歸于無極] 『장자』(莊子) 「재유」(在宥)의 "다함이 없는 들판에서 노닌다."[入無窮之門, 以游無極之野] "『열자』의 "사물의 시작과 끝은 애초에 다함이 없었다."[物之終始, 初無極已] 등의 무극은 모두 끝이 없다는 의미로 사용되었다. 그러나 주희는 무극을 이치는 있지만 형체는 없는 무형의 진리라는 의미로 이해하였다.

69 태극이라는 용어는 『주역』 「계사상」 11장에서 "역에는 태극이 있으니 이것이 양의(兩儀)를 낳고, 양의가 사상(四象)을 낳고, 사상이 팔괘를 낳았다."[易有太極, 是生兩儀, 兩儀生四象, 四象生八卦]는 데서 처음 나온 뒤로 유학에서 궁극적 진리를 의미하는 개념으로 사용되기 시작하였다. '태'(太)는 크다는 뜻이고, '극'(極)은 표준 또는 끝을 의미하니, '태극'이란 '위대한 표준', 또는 '위대한 궁극적인 것'의 의미로서 궁극적 진리의 대명사가 되었다. 성리학은 '태극'·'하늘'·'이'를 우주의 본체이며 모든 현상의 궁극적인 진리로서 설정한 다음, 이 궁극적 진리와 인간과의 관계에 기초하여 인간의 심성론을 밝히고 인간의 심성론에 기초하여 인간의 도덕수양론을 밝히는 형이상학적 대체계를 갖추었다.

70 원문은 '무극이태극'(無極而太極)이다. 무극과 태극과의 관계를 어떻게 보느냐는 것은 「태극도설」의 전체사상을 어떻게 보느냐 와도 관계되는 중요한 문제이다. 육구연(陸九淵, 1139~1192, 자는 子靜, 호는 象山)과 주희 사이의 「태극도설」에 대한 논쟁은 유명하다. 육구연은 무극과 태극을 선후관계로 파악하여 "무극으로부터 태극이 나왔다."고 본다. 이렇게 되면 이는 무(無)로부터 유(有)가 나온다는 도가사상이 되어 버린다. 육구연은 태극도를 주돈이의 그림이 아니라 도가나 도교 계통의 그림으로 보고 태극도와 도설을 중요시

고요함이 극한에 이르면 다시 움직인다. 한 번 움직임과 한 번 고요함이 서로 뿌리가 되어 음과 양으로 나누어지니 '양의'(兩儀)가 세워진다.

음양이 서로 변하고 합하여져서 수·화·목·금·토를 낳으니, 다섯 가지 기운이 순조롭게 펼쳐져서 사계절이 운행한다.

오행은 하나의 음양이고, 음양은 하나의 태극이며, 태극은 본래 무극이다.

오행이 생겨남에 각기 그 성(性)을 하나씩 갖추고 있다.

무극인 진리와 음양오행의 정밀함이 오묘하게 합하여 응집해서 "건도(乾道)는 남성을 이루고 곤도(坤道)는 여성을 이룬다."[乾道成男, 坤道成女][72]

하지 않았다. 이에 반하여 주희는 무극과 태극의 관계를 동격 내지는 앞의 무극이 뒤의 태극을 설명하는 관계로 보았다. 이 문장을 '무극인 태극' 내지는 '무극이면서 태극'이라는 의미로 보았다. 공자 이래로 태극을 궁극적인 진리로 보지만, 태극이라는 의미로 보았다. 공자 이래로 태극을 궁극적인 진리로 보지만, 태극이라고만 말하면 유형의 어떤 존재를 상상할 수 있다. 주돈이는 앞에 무극이라는 설명을 붙여 태극이 무형의 이치라는 것을 밝혀 태극에 대한 오해의 소지를 없앴다고 보는 것이 주희의 입장이다. 퇴계는 물론 주희의 설을 따른다. 주희와 그의 후학들은 「태극도」와 「도설」을 성리학의 존재론을 설명하는 대표적인 작품으로 수용하였다. 후대 학자들의 고증적 연구에 의하면 「태극도」는 위백양(魏伯陽)의 『참동계』(參同契)에서 유래한 것이라고 한다.

71 태극의 동정문제, 곧 이(理)의 동정문제는 성리학의 주요논쟁의 주제 중 하나이다. 소리도 냄새도 없고 형체도 조짐도 없는 것이 어떻게 움직인단 말인가? 그러나 만물의 지도리이며 뿌리요 만물의 주인인 진리에 어떤 능동적 능력이 없다고 하면 진리가 죽은 물건으로 되고 만다. 퇴계는 "지극히 텅 빈 것이면서 지극히 알찬 것이고 지극히 아무것도 없는 상태이면서도 모든 있음을 담고 있으며, 움직이되 움직임이 없고 고요하되 고요함이 없는" 형이상학의 궁극적인 이치를 진리라고 하였다. 형이상학적인 태극의 동정이란 형체가 있는 물체의 동정과 같이 동정이 대립된 동정이 아니라 움직이되 움직임이 없고 고요하되 고요함이 없는 초월적인 동정이라는 것이다.

72 『주역』「계사상」1장에 나온다. 건(乾)·곤(坤)은 『주역』의 64괘 중에서 순양징하며, 곤은 땅·어머니·신하 등을 상징한다. 뒤의 『서명』(西銘)에서 보이듯이 건은 만물의 아버지, 곤은 만물의 어머니로 각기 남성·여성의 근원으로 여겨진다.

건곤의 두 기운이 교감하여 만물을 화생(化生)하니, 만물이 끊임없이 생겨나 변화가 다함이 없다.

오직 사람만이 그중 빼어난 것을 얻어서 가장 영묘하다.

형체가 이미 생겨나니 신(神)[73]이 지각(知覺)을 일으킨다.

오성(五性)[74]이 감응하여 움직이니 선과 악이 나누어지고 온갖 일이 생겨나게 된다.

성인은 중·정·인·의로써 온갖 일을 안정시키고,[75] 고요함[靜]을 위주로 하여, 사람의 표준[人極][76]을 세우셨다.

---

73 이때의 신은 귀신이 아니라 정신이다. 의식(意識)과 같은 뜻으로 보아도 좋다. 그러나 퇴계는 천지의 신과 정신과 귀신의 신은 하나의 뿌리에 근거하는 것이라고 한다.

74 인·의·예·지·신을 말한다. 우주 자연에 있어서는 수·화·목·금·토 오행의 기가 만물을 화생하고, 인간에 있어서는 오성이 감동해 나가면서 선악시비 등 만사가 생긴다고 한다.

75 온갖 일이란 선과 악이 갈리면서 생겨나는 인간 사회의 모든 현상을 가리킨다. 사람의 사회생활이란 것은 이러한 현상세계 속에서 만사를 처리해 가면서 삶을 영위하는 것이다. 아니 엄격히 따지고 보면, 삶이란 그 자체가 곧 만사 처리의 연속이다. 만사 처리란 바꿔 말하면 문제 해결이다. 생활이란 공사를 막론하고 문제를 해결해 가는 것이다. 사람의 생활이 동물의 생활과 다른 것은 문제를 당했을 때 그것을 올바로 처리하려 하는 데 있다. 올바로 처리한다는 것은 감정·이성 양면의 요구에 다 합당하도록 함을 뜻한다. 여기서 사물처리의 기준이 필요하게 된다. 성인은 이 기준을 중정(中正)·인의(仁義)로써 정하였다고 주렴계는 보는 것이다.

76 인극(人極)의 '극'(極) 자는 궁극(窮極)과 표준(標準)이라는 의미를 지니고 있는데, 이때는 표준의 의미가 강하다. 그러므로 '인극을 세운다'는 것은 인간 윤리 생활의 최고 표준을 세운다는 것이다. 그러면 그 최고표준을 어떻게 세울 수 있는가? 염계는 이 글에서 '정(靜) 을 주로 함'으로써 최고표준을 세운다고 하였다. 그런데 '정'에 대하여 염계는 『통서』(通書)에서 "욕심이 없으면 고요하게 된다."고 하였다. 이 욕심은 사욕을 말하는 것이니 사람은 먼저 마음속에서 인욕의 사사로움을 버리고 천리의 공정함에 따르는 심적 태도(心的態度)를 가지고 있어야 그 기준의 실현이 가능해진다. 그러므로 인간 윤리생활의 전제조건은 무욕, 즉 사욕을 버리는 것이다. 그러면 사람의 표준이란 무엇인가? 이는 곧 인간성, 즉 인간의 내면에 부여된 태극이다.

그러므로 "성인은 천지와 덕을 함께 하시며, 일월과 밝음을 함께 하시며, 사계절과 순서를 함께 하시며, 귀신과 길흉을 함께 하신다."[聖人與天地合其德, 明合其明, 四時合其序, 鬼神合其吉凶][77]

군자는 덕성을 수양하기 때문에 길하지만, 소인은 거스르기에 흉하게 된다.

그러므로 "하늘의 도를 세워서 음과 양이라 부르고, 땅의 도를 세워서 부드러움[柔]과 굳셈[剛]이라 부르고, 사람의 도를 세워서 인(仁)과 의(義)라고 부른다."[立天之道, 曰陰與陽, 立之之道, 曰柔與剛, 立人之道, 曰人與義][78]고 하였다.

또한 "시작의 근원을 추구하고 끝을 반성하는 까닭에 죽음과 삶에 관한 설을 안다."[原始反終故知死生之說][79]고 하였다.

위대하구나, 『역』이여! 이것이[80] 그 지극함이로다.

퇴계가 인용한 주희의 「태극도설」에 대한 설명

○ 주자는 이렇게 설명하였습니다.

도설의 앞부분에서는 음양 변화의 근원을 말하였고, 뒤에서는 사람이

---

77 『주역』, 「건괘」(乾卦) 「문언」(文言)에 나온다. 단, 「문언」에는 성인(聖人)이 아니라 대인(大人)이라고 되어 있다.

78 『주역』 「설괘전」(說卦傳) 2장에 나온다.

79 『주역』 「계사상」 4장에 나온다.

80 '이것'은 『역』에서 인용된 앞의 두 구절의 내용을 가리킨다. 즉 『역』은 음양의 도를 밝히고, 존재의 근원과 종말에 대한 반성적 고찰을 통하여 생성과 소멸이라는 자연 변화의 근원을 알 수 있도록 도와주는 책이라는 것이다.

부여받은 것에 대하여 밝혔다. "오직 사람만이 그중 빼어난 것을 얻어서 가장 영묘하다."는 것은 순수하고 지선(至善)한 본성을 가리키니, 이것이 이른바 태극이다. "형체가 이미 생겨나니 신(神)이 지각(知覺)을 일으킨다."는 것은 양이 움직이고 음이 고요해서 그렇게 된다. "오성(五性)이 감동한다."는 것은 양이 변하고 음이 합하여 수·화·금·목·토의 성(性)을 낳았다는 것이다. "선과 악이 나누어진다."는 것은 건도와 곤도가 남녀를 이루는 상(象)이다. "만사가 나온다."는 것은 만물이 화생하는 상이다. "성인은 중·정·인·의로써 온갖 일을 안정시키고, 고요함[靜]을 위주로 하여 사람의 표준[人極]을 세우셨다."는 것은 태극의 전체를 얻어 천지와 빈틈없이 혼합된 경지이다. 그러므로 아래 글에서 천지·일월·사시·귀신 네 가지와 합하지 않음이 없다고 말하였다.[81]

○ 주자는 또 말하였습니다.

성인은 수양할 필요 없이 저절로 그러한 사람이다. 이러한 경지에 이르지 못하여 수양을 하니. 이것이 군자가 길하게 되는 까닭이다. 이것을 알지 못하여 어기니 소인이 흉하게 되는 까닭이다. 수양하는 것과 어기는 것은 경(敬)과 사(肆)[82]의 차이에 달려 있을 뿐이다. 공경하면 욕심이 적어지고 진리가 밝아진다. 욕심을 적게 하고 또 적게 해서 없는 데 까지 이르면, 고요할 때는 텅 비고 움직일 때는 곧게 되어[靜虛動直] 성인을 배울 수 있다.[83]

---

81 『주자어류』(朱子語類) 권94 「주자지서」(周子之書) 제103조에 나온다.

82 경은 내면의 천리가 주인이 되도록 모든 일에 대하여 공경하는 조심스러운 태도를 취하는 것이고, 사는 그와 반대로 자기 마음대로 함부로 하는 것이다.

퇴계의 설명

○ 위의 것은 주렴계가 스스로 만든 도와 설입니다. 평암엽씨(平巖葉氏)[84]가 이르기를 "이 그림은 「계사」(繫辭)의 '역에 태극이 있으니 이것이 양의를 낳고 양의가 사상을 낳는다'[85]는 뜻을 미루어 밝힌 것이다. 다만 역은 괘효(卦爻)로써 말했고, 이 그림은 조화로써 설명하였다."[86]라고 하였습니다. 주자는 이르기를 "이것은 도리의 큰 핵심이요",[87] 또 "백세도술(百世道術)의 연원(淵原)이다."[88]라고 하였습니다. 이제 첫머리에 이 그림을 게재하는 것은 역시 『근사록』(近思錄)에서 이 도설을 첫머리에 실은 뜻[89]과 같은 것입니다. 대개 성인을 배우는 자는 여기서부터 단서를 찾아

---

83 『성리대전』(性理大全)에 실린 주희의 「태극도설해」의 "군자는 덕성을 수양하기 때문에 길하지만, 소인은 거스르기에 흉하게 된다."라는 설명 부분에 나온다.

84 평암엽씨(平巖葉氏)는 송(宋) 이종(理宗) 때 사람으로 이름은 채(采), 자는 중규(中圭)이며 주자의 제자인 진순(陳淳)에게서 배웠다. 『근사록집해』(近思錄集解)를 지었다.

85 『주역』「계사상」 11장에 나온다.

86 엽채(葉采)가 지은 『근사록집해』의 "오행은 하나의 음양이며, 음양은 하나의 태극이며, 태극은 본래 무극이다."라는 설명 부분에 나온다.

87 『성리대전』 권1「태극도」 상좌 – 하우에 나온다. 주희는 「태극도설해」를 짓고, 끝에 나오는 총론 부분에서 학문을 하는 사람이 「태극도설」을 먼저 읽지 않을 수 없는 이유는 「태극도」는 도리의 '커다란 핵심 되는 곳'이기 때문이라고 말하고 있다. 『근사록』이나 퇴계의 『성학십도』에서 「태극도」를 앞에 두는 취지도 이와 같다.

88 『주자대전』 권71, 「기렴계전」(記濂溪傳)에 나온다.

89 주자와 함께 『근사록』(近思錄)을 편찬한 동래(東萊) 여조겸(呂祖謙)은 『근사록』이 편집된 뒤에 발문(跋文)을 써서 「태극도설」을 책머리에 두게 된 이유를 다음과 같이 밝힌 바 있다. "뒤에 나온 후진들에게 의리의 본원에 대하여 별안간 말할 수는 없지만 그러나 그 대강을 아득히 모르고 있으면 어찌 끝닿는 곳이 있겠는가? 책머리에 이를 서열하여 그들로 하여금 그 명의(名義)를 알고 향하는 바가 있게 하고자 한 것뿐이다."

서『소학』(小學)·『대학』(大學)과 같은 종류에 힘써야 합니다. 그렇게 하여 공효를 거두는 날에 일원(一源)[90]에까지 소급하여 올라가게 되면, 이것이 이른바 "도리를 궁구하고 본성을 다하여 천명에 이른다."[窮理盡性而至於命][91]는 것이며, 이른바 "정신을 궁구하여 조화(造化)를 알게 되는 것은 덕이 성대한 자이다."[窮神知化, 德之盛者也][92]라는 것입니다.

---

90   일원(一源)은 "자연 조화의 지도리이며, 만물의 뿌리인 태극"[造化之樞紐, 品彙之根柢]을 가리킨다.

91   『주역』「설괘전」1장에 나온다.

92   『주역』「계사전하」5장에 나온다.

2
서명도

西
銘
圖

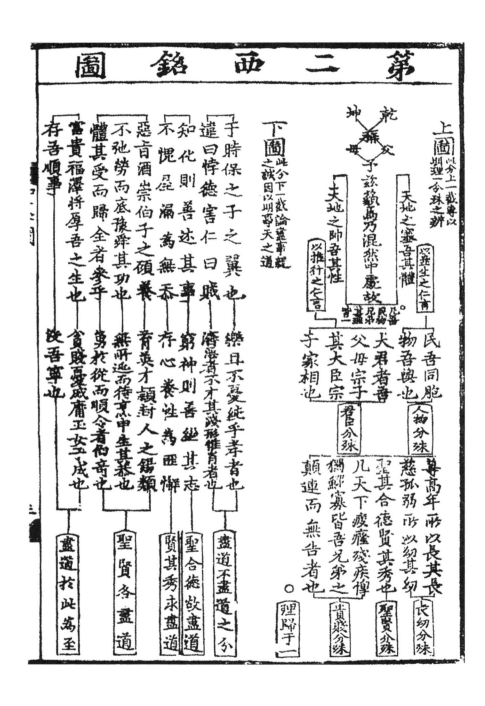

상도(上圖)

이 그림은 서명의 앞부분으로 이일분수(理一分殊)의
구분을 밝히고 있다.

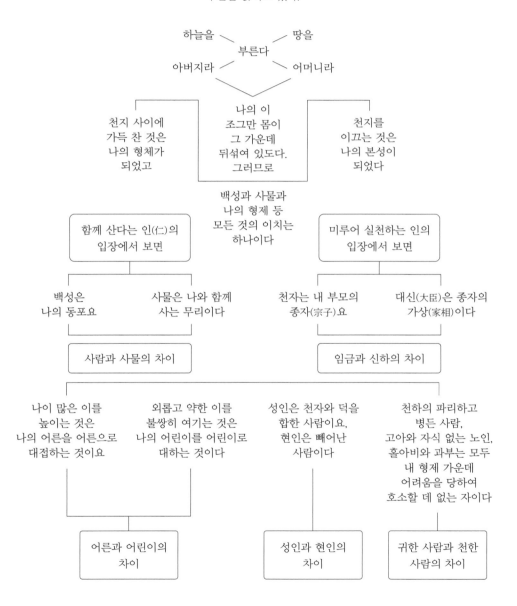

하도(下圖)

이 그림은 서명의 뒷부분으로 어버이를 섬기는 성심(誠心)을
다 설명함으로써 하늘 섬기는 도를 밝히고 있다.

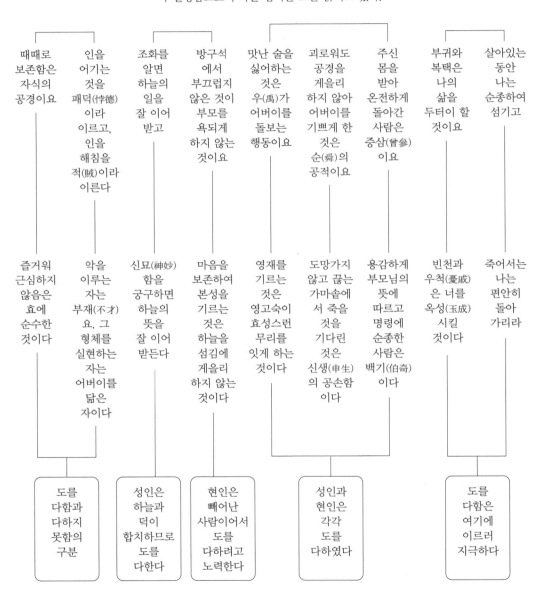

「서명」(西銘)⁹³

하늘을 아버지라 부르고, 땅을 어머니라 부른다. 나의⁹⁴ 이 조그만 몸이 그 가운데 뒤섞여 있도다.

그러므로 천지 사이에 가득 찬 것은 나의 형체가 되었고,⁹⁵ 천지를 이

---

93 「서명」(西銘)은 장재(張載, 1020~1077, 자는 子厚, 호는 橫渠)에 의해 지어졌다. 본래 이름은 「정완」(訂頑, 어리석음을 바로잡음의 뜻)이었는데, 정이(程頤, 1033~1107, 자는 正叔, 호는 伊川)가 「서명」으로 고쳤다. 「서명」도 『성리대전』과 『근사록』에 다 수록되어 있는 성리학의 대표적인 작품으로 성리학의 존재론을 보여준다. 퇴계가 경연(經筵)에서 강의한 「서명고증강의」(西銘考證講義)(『퇴계전서』 1, 권7, 「경연강의」)에 「서명」 원문의 출처와 해설이 자세하다. 역자가 자세하게 주해할 수 있게 된 것은 여기에 많이 의존하였기 때문이다. 「서명」의 도(圖)는 임은(林隱) 정복심(程復心, 1279~1368, 자는 子見)이 그렸다.

94 퇴계는 「서명고증강의」에서 「서명」에 10번이나 나오는 '나'[子] 자의 의미를 알아야만 횡거가 인의 모습을 형상화하면서 왜 자기 자신을 위주로 말했는가의 이유를 알 수 있다고 하였다. 유학은 자아완성을 지향하는 학문, 즉 위기지학(爲己之學)이다. 천지만물이 하나라고 생각하거나 천하를 구제하려는 뜻이 있다고 하더라도, 자신의 마음, 자신의 본성 가운데 이러한 원리가 있다는 것에 대한 느낌과 인식을 가지지 않는다면 위기지학은 한갓 상상과 공상에 그치기 쉽다. 그러므로 공자는 '넓게 인정을 베풀어 대중을 구제하는 것이 인'이냐고 묻는 자공(子貢)에게 "어진 자는 자기가 서고자 하면 남을 세워주고, 자기가 도달하고자 하면 남을 도달하게 한다"고 대답하였다.(『논어』「옹야」 30장) 퇴계는 이 대화에 대하여 이렇게 설명하고 있다. "자공이 절실한 자기 자신에게 나아가 인을 찾아야 한다는 것을 모르고 너무 넓게 인을 찾고자 하니 멀어서 자기 자신과 아무런 관계가 없으므로, 공자께서 이렇게 말씀하심으로써 자공으로 하여금 자기 자신을 반성하여 인의 가장 절실한 곳을 알게 하셨다. 지금 횡거도 역시 천지만물이 한 몸이라고 하지만 반드시 자기 자신을 원본으로 삼고 주제로 삼아야만 한다고 생각하셨다." 자아 완성의 주체는 자기 자신일 수밖에 없다는 의미에서 '나'를 그렇게 강조하였다는 것이다.

95 '오기체'(吾其體)는 목적어인 '기' 자가 도치된 문장형태로서, '나는 그것을 체로 삼았다'는

끄는 것은 나의 본성이 되었다.[96]

백성은 나의 동포요, 사물[97]은 나와 함께 사는 무리이다.

천자(天子)는 나의 부모의 종자(宗子)요, 대신(大臣)은 종자의 가상(家相)[98]이다.[99]

나이 많은 이를 높이는 것은 나의 어른을 어른으로 대접하는 것이요, 외롭고 약한 이를 불쌍히 여기는 것은 나의 어린이를 어린이로 대하는 것이다.[100]

뜻이다. 「서명」의 내용은 모두 옛사람의 말을 모은 것이므로 각 단락의 출처를 알아야만 원래의 의미를 이해할 수 있다. 그래서 퇴계는 「서명고증강의」에서 원문의 출처와 의미를 자세하게 밝혀 놓았다. 『맹자』 「공손추상」(公孫丑上) 2장 「호연지기장」(浩然之氣章)에서 맹자가 "기(氣)는 몸에 충만한 것이다."[其體之充也]라고 말한 것과 "그 기운은 지극히 크고 강(剛)하다. 곧음으로써 기르고 해치지 않으면 천지 사이에 가득차게 된다."[其爲氣也至大至剛, 以直養而無害, 則塞於天地間]라고 한 것에 그 사상적 근거를 두고 있다.

96 『맹자』 「호연지기장」에서 "지(志)는 기를 이끄는 것이다."[志氣之帥也]라고 한 것에 그 근거를 두고 있다.

97 유학에서 사물(事物)은 "일을 처리하고 사람들을 상대한다."[處事接物]고 할 때의 '사'와 '물', 곧 일과 사람이라는 의미로 자주 사용된다. 그러나 여기서의 사물은 식물과 동물, 그 가운데서도 동물을 주로 의미한다고 하겠다.

98 가상(家相)이란 제후·경대부 등의 집안일을 돌보는 사람을 가리킨다. 가재(家宰)라고도 한다.

99 퇴계는 「서명고증강의」에서 "횡거의 이 명은 나와 천지 만물의 이치가 본래 하나라는 것을 반복해서 미루어 밝혔다. 그러므로 인의 모습[體]을 묘사함으로써 '나'라는 사사로움을 부수고 무아(無我)의 공공정신을 넓힌다. 돌과 같이 완고한 마음을 융화시켜 통철(洞徹)하게 하여 나와 남 사이에 간격이 없게 하여 터럭만한 사사로움도 그 사이에 용납되지 않게 한다. 그래서 천지를 하나의 집안으로 생각하고, 나라 안 전체를 자기 자신으로 생각하게 하여, 가렵고 아픈 것이 내 몸에 참으로 절실하여 인의 도를 얻게 한다."고 하였다.

100 『맹자』 「이루상」 12장에서 "사람마다 자기 어버이를 어버이로 모시고 자기 어른을 어른으로 모시면 천하가 다스려진다."[人人親其親, 長其長而天下平]와 『맹자』 「양혜왕상」 7장에 나오는 "나의 어린이를 어린이로 사랑하는 마음이 남의 어린이에게까지 미치게 된다면, 천하는 손바닥 안에서 다스릴 수 있다."[幼吾幼以及人之幼]에 근본을 두고 있다.

성인은 천지와 덕을 합한[101] 사람이요, 현인은 빼어난 사람이다.

천하의 파리하고 병든 사람, 고아와 자식 없는 노인, 홀아비와 과부는 모두 다 내 형제 가운데 어려움을 당하여 호소할 데 없는 자이다.[102]

이에 하늘의 뜻을 지킨다는 것은 자식의 공경이요,[103] 즐거워 근심하지 않음은 효에 순수한 자이다.[104]

인을 어기는 것을 패덕(悖德)[105]이라 이르고, 인을 해침을 적(賊)[106]이라

---

101 『주역』「건괘」「문언」의 "대인은 천지와 덕을 합한다."[夫大人者, 與天地合其德]고 한 것에 근거한 것이다.

102 『맹자』「양혜왕하」5장에서 "늙어서 아내가 없는 것을 홀아비라고 하고, 늙어서 남편이 없는 것을 과부라고 하고 늙어서 자식이 없는 것을 고독한 사람이라고 하고, 아버지가 없는 아이를 고아라고 한다. 이 네 가지는 천하에서 곤궁한 사람으로 의지할 데 없는 사람이다."[老而無妻曰鰥, 老而無夫曰寡, 老而無子曰獨, 幼而無父曰孤, 此四者天下之窮民而無告者]라고 한 것에서 근거하였다.

103 『시경』「주송」(周頌)「아장」(我將)에 "내가 이른 아침부터 밤늦게까지 하늘의 위엄을 두려워하여 이에 하늘의 뜻을 지킨다.[我其夙夜, 畏天之威, 于時保之]라고 있는데, 이것은 하늘의 위엄을 두려워하여 하늘이 인간을 내려 살펴보는 뜻을 보존한다는 뜻이다. 그리고 「대아」(大雅)「문왕」(文王)「문왕유성」(文王有聲)에 "자손을 위한 계책을 세워, 공경하는 자식을 편안하게 한다."[貽厥孫謀, 以燕翼子]라고 하였는데, '익자'(翼子)는 '공경하는 자식'이라는 뜻이고, '연'(燕)은 '편안하게 해준다'는 뜻이다. 이하의 문장에서 장횡거는 자식이 부모를 섬기는 효를 예로 들어 하늘의 아들이 부모가 되는 하늘을 섬기는 도리를 설명하고 있다. 그래서 효자와 관련된 많은 고사가 인용되고 있다.

104 『주역』「계사상」4장에 "하늘의 도를 즐기고 하늘의 명을 알기 때문에 근심하지 않는다."[樂天知命, 故不憂]라고 되어 있고, 『좌전』(左傳)에서 영고숙(潁考叔)을 순효(純孝)라고 하였다. 영고숙의 고사는 주 113)을 참조.

105 '어긴다'는 것은 『논어』「이인」5장의 "군자는 밥 먹는 사이에도 인을 어기지 않는다."[君子無終食之間違仁]에서 인용하였다. 또 '패덕'은 『효경』에 "자기 어버이를 사랑하지 않고, 남을 사랑하는 자를 패덕(悖德)이라 한다."[不愛其親而愛他人者謂之悖德]에서 따왔다.

106 '인을 해친다'는 『논어』「위령공」9장의 "지사와 인자는 삶을 구하려고 인을 해치지 않는다."[志士仁人無求生而害仁]에서 따온 말이며, '적'(賊)은 『맹자』「양혜왕하」8장의 "인을 해치는 자를 적이라 한다."[賊仁者謂之賊]에서 따온 말이다.

이른다.

악을 이루는 자는 부재(不才)요,¹⁰⁷ 그 형체를 실현하는[踐形] 자는 그 어버이를 닮은 자이다.¹⁰⁸

조화(造化)를 알면 하늘의 일을 잘 이어받고, 신묘(神妙)함을 궁구하면 하늘의 뜻을 잘 이어 받든다.¹⁰⁹

방구석에서 부끄럽지 않은 것이 부모를 욕되게 하지 않는 것이요,¹¹⁰

---

107 『좌전』에서 인용한 말로, 흉악한 오랑캐인 혼돈(渾敦)·궁기(窮奇)·도올(檮杌) 세 부족은 다 선한 재질이 없는[不才] 족속들이라 대대로 흉악한 짓을 하여 악명(惡名)이 높았다고 한다.

108 『맹자』「진심장상」38장에 "형체와 낯빛은 천성이다. 성인이 된 뒤에야 형체를 다 실현할수 있다."[形色天性也, 惟聖人然後, 可以踐形]라고 하였다. 형(形)을 천(踐)한다는 것은 천성의 자연스러운 법칙에 따라서 행동한다는 말이다. 닮았다는 뜻의 '초'(肖)는 원래 자식이 부모를 닮았다는 의미인데, 여기서 사용한 '유초'(惟肖) 두 글자는『서경』「열명」(說命)에 "열이 부암의 들판에서 건축을 하고 있었는데 오직 닮았다."[說築傳巖之野惟肖]에서 따왔다. 은나라 고종이 꿈에 현명한 신하를 보고 그림으로 그려 모습이 닮은 사람을 찾게 하였는데, 부열의 얼굴이 그림과 꼭 닮았다고 한다.

109 『주역』「계사하」5장의 "정신을 궁구하고 조화를 아는 것은 덕이 성대한 자이다."[窮神知化, 德之盛也]와『중용』(中庸) 19장의 "효라는 것은 부모의 뜻을 잘 계승하고 부모의 일을 잘 따르는 것이다."[夫孝者, 善繼人之志, 善述人之事者也]에서 따왔다. 『주역』의 '정신을 궁구하고 조화를 아는 것'은 정신의 세계를 궁구해서 변화를 안다는 의미로 자연 변화의 도에 대한 인식을 의미한다. 자연 변화에 대한 인식은 '의를 정밀하게 인식함을 통하여 정신의 세계에 입문하여' 수양을 끊임없이 쌓아 덕이 성대하게 된 뒤에 가능하다고 한다. 이것은『주역』의 인식론이자 유학의 자연 인식론이라고 할 수 있다. 『중용』에서 '인'(人) 자는 부모를 가리키지만 여기에서의 '기'(其) 자는 하늘을 가리킨다.

110 '방구석에서 부끄럽지 않은 것'은 위(衛) 무공(武公)이 95세 때에 자신을 경계하기 위해 지었다는『시경』「대아」(大雅)「탕」(蕩)「억」(抑) 시의 "네가 방에 있는 것을 보니, 방구석에서도 부끄러운 일을 하지 않으려 하는구나.[相在爾室, 尙不愧于屋漏]에서 따온 말이다. '부모를 욕되게 아니함'은『시경』「소아」(小雅)「절남산」(節南山)「소완」(小宛) 시의 "나는 날마다 힘쓰고 너는 달로 나아가, 아침 일찍 일어나 밤늦도록 노력하여 너를 낳아준 부모를 욕되게 하지 말라.[我日斯邁, 而月斯征, 夙興夜寐, 無忝爾所生]에서 따온 말이다.

마음을 보존하여 본성을 기르는 것은 하늘을 섬김에 게을리 하지 않는 것이다.¹¹¹

맛난 술을 싫어한 것은 우(禹)가 어버이[崇伯子]를 돌보는 행동[顧養]이요,¹¹² 영재(英才)를 기르는 것은 영고숙(潁考叔)이 효성스런 무리[類]를 잇게 하는 것이다.¹¹³

---

111 '마음을 보존하고 본성을 기르는 것'은 『맹자』「진심하」1장의 "마음을 보존하여 본성을 기르는 것이 하늘을 섬기는 것이다."[存其心, 養其性, 所以事天也]에서 따온 말이다. '게을리 아니함'은 『시경』「대아」「탕」「증민」(蒸民) 시에서 중산보(仲山甫)가 왕에게 충성을 다한 것을 칭송하여 "이른 새벽부터 밤늦도록 게을리 하지 않고 한 사람을 섬겼도다."[夙夜匪懈, 以事一人]라고 한데서 따와서 왕에 대한 충성을 가지고 하늘 섬기는 도리에 비유하였다.

112 『전국책』(戰國策)에 "의적(儀狄)이 술을 만들었는데 우(禹)가 마시니 매우 달았다. 우가 말하기를, '후세에 반드시 술로써 그 나라를 망칠 사람이 있을 것이다'라고 하면서 드디어 의적을 멀리하고 단술을 끊어버렸다."고 한다. 주자는 『맹자』「이루하」20장에 "우는 맛있는 술을 싫어하고 좋은 말을 좋아하였다."[禹惡旨酒而好善言]고 나온다. 숭백자(崇伯子)는 우의 아버지 곤(鯀)이다. 숭백(崇)은 나라 이름이며 백작(伯爵)의 나라이다. 곤이 숭에 봉하여졌기 때문에 숭백(崇伯)이라고 한 것이다. '고양'(顧養) 두 자는 『맹자』「이루하」2장의 "바둑 두고 술 마시기 좋아하며 부모 봉양을 돌아보지 않는다."[博奕好飲酒, 不顧父母之養]에서 따온 말이다.

113 『춘추좌씨전』 은공(隱公) 원년에 나오는 얘기이다. 영고숙(潁考叔)은 춘추시대 정(鄭) 장공(莊公)의 신하이다. 장공의 어머니는 장공을 미워하고 동생인 공숙단(共叔段)을 편애하였다. 장공은 공숙단이 반란을 일으킨 일 때문에 어머니를 영성(潁城)에 가두어 두고 맹세하기를, "황천(黃泉)에 가지 않으면 서로 만나보지 않겠다."고 하였다. 그 뒤에 장공은 이것을 후회하였다. 고숙이 이 소식을 듣고 장공을 찾아뵈었다. 공이 식사대접을 했는데 고숙은 고기반찬과 국을 상에서 내려놓으면서 "이것을 저의 어머님께 드리려고 합니다." 하였다. 그러자 장공은 말하기를 "그대는 어머니가 있는데 나는 없다."고 하였다. 고숙이 "무슨 말씀입니까?" 하였다. 공은 앞뒤 사정을 이야기했다. 그때 고숙이 말하기를 "그러면 땅 속을 파서 샘을 이루게 하고 굴을 뚫고 서로 만나보면 누가 잘못이라 하겠습니까?" 하였다. 공은 그 말대로 땅굴을 뚫고 어머니를 만나 뵈었다. 이로부터 어머니와 아들 사이의 정이 다시 회복되어 즐거움이 충만하였다. 그 이야기의 끝에서 평가하여 말하기를, "고숙은 순수한 효자다. 어머니를 사랑하여 장공에게까지 영향을 끼쳤다. 『시경』에서

괴로워도 공경을 게을리 하지 않아 어버이를 기쁘게 한 것은 순(舜)의 공적이요,[114] 도망가지 아니하고 끓는 가마솥에서 죽을 것[待烹]을 기다린 것은 신생(申生)의 공손함이다.[115]

주신 몸을 받아 온전하게 돌아간 사람은 증삼(曾參)이요,[116] 용감하게 부모의 뜻에 따르고 명령에 순종한 사람은 백기(伯奇)이다.[117]

'효자의 효도가 끊이지 않아 길이 너와 같은 무리를 잇게 한다.'고 하니 이것을 말한다."[考 叔, 純孝也, 愛共母, 施及莊公, 詩曰 … 孝子不匱, 永錫爾類, 其此之謂乎]라고 하였다. 횡거는 이 말을 인용하여 군자가 자기 천성의 선을 미루어 천하의 영재들로 하여금 다 선하게 하는 것이 마치 고숙이 자기의 효를 미루어 장공에까지 효자가 되게 하는 것과 같다는 것을 말한 것이라고 하였다. 시는 『시경』 「대아」 「생민」 「기취」(旣醉)이다.

114 『맹자』 「이루상」 28장에 "순이 어버이 섬기는 도를 다하니, 고수(瞽瞍, 순의 아버지)가 기뻐하였다.[舜盡事親之道而瞽瞍底豫]라고 했다. 퇴계는 「서명고증강의」에서 "군자가 하늘을 이와 같이 섬기면 하늘을 감격시키는 공이, 순이 어버이를 기쁘게 한 공과 같을 것이다."라고 하였다.

115 『춘추좌씨전』 희공(僖公) 5년에 나온다. 진(晉) 헌공(獻公)이 여희(驪姬)의 참소를 듣고 태자 신생(申生)을 죽이려 하였다. 어떤 사람이 신생에게 변명을 하라고 권했으나 신생은 거절하였고, 다른 나라로 도망하라고 권했어도 역시 듣지 않았다. 그러다 신생은 드디어 자살하였다. 뒤에 시(諡)를 공(恭)이라고 지어 주었다. 군자가 환란에 처했을 때 죽음을 지켜 움직이지 아니함이 이와 같으면 그 경천(敬天)하는 마음이 신생의 공과 같다는 것을 말한 것이다. '도망가지 아니하고'는 『장자』의 "천지 사이에 도망갈 곳이 없다."[無所逃於 天地之間]에서 따왔다.

116 『예기』(禮記) 「제의」(祭義)에 "부모가 온전하게 낳아 주신 몸이니 자식은 마땅히 온전하게 가지고 돌아가야 한다."[父母全而生之, 子全而歸之]라고 하였고, 『효경』에서는 공자가 증자에게 "신체와 머리카락과 피부는 부모에게서 받은 것이니, 감히 손상시키지 않는 것이 효도의 시작이다. 몸을 세워 도를 행하여 이름을 후세에 남겨 부모를 드러나게 하는 것이 효의 완성이다."[身體髮膚, 受之父母, 不敢毀傷, 孝之始也立, 身行道, 揚名於後世, 以顯父母, 孝之終也]라고 가르쳤다. 증자는 이러한 가르침을 지켜, 죽을 때 제자들을 불러 놓고 "나의 발을 펴 보고 나의 손을 펴 보아라 … 이제야 나는 불효를 면할 줄 알겠노라. 젊은이들아!"[啓予足, 啓予手 … 而今而後, 吾知免夫, 小子]라고 말하였다.(『논어』 「태백」(泰伯) 3장에 나옴) 이것은 사람이 하늘에서 받은 것을 간직해 가지고 상실함이 없이 살다가 죽으면, 하늘을 위하여 효도하는 중심이 된다는 말이다.

부귀와 복택(福澤)은 나의 삶을 두터이 할 것이요, 빈천과 우척(憂戚)은 너를 옥성(玉成)시킬 것이다.[118]

살아있는 동안 나는 순종하여 섬기고, 죽을 때는 편안히 돌아가리라.[119]

퇴계가 인용한 송대 학자들의 「서명」 설명

○ 주자는 말하였다.[120]

정자(程子)는 '「서명」이 이일분수(理一分殊)를 밝힌 것'이라고 생각하였다.[121] 대개 건으로써 아버지를 삼고 곤으로써 어머니를 삼는 것은 생

---

117 백기(伯奇)는 『시경』에 나오는 윤길보(尹吉甫)의 아들이다. 길보가 후처(後妻)의 말을 듣고 백기를 내쫓았는데, 백기는 이른 아침에 들판에 나가 거문고를 들고 '이상조'(履霜操)란 가곡을 부르다가 강물에 투신하여 자살하였다고 한다. 『안씨가훈』 「후취」(後娶)에 길보와 백기의 고사가 나온다.

118 주(周)나라 여왕(厲王) 때 대부들이 서로 경계한 시인 『시경』 「대아」 「생민」 「민로」(民勞) 시에 "왕께서 그대를 옥과 같이 애지중지하므로 크게 간언을 한다."[王欲玉女, 是以大諫]라고 한 것에서 따온 말이다.

119 퇴계는 「서명고증강의」에 『예기』 「단궁」(檀弓)에서 증자가 임종 때 깔고 있던 자리를 바꾼 '역책'(易簀)의 고사를 소개한 다음, 주자가 "고인은 예법을 삼가 죽고 사는 지경에서도 자신이 지키는 신념을 이처럼 바꾸지 않았다. 그래서 사람들로 하여금 한 가지라도 옳지 않은 일을 하거나 죄 없는 사람을 죽이는 것은 천하를 얻게 되더라도 하지 않는다는 마음을 가지게 하였으니, 이것이 긴요한 곳이다."라고 한 말을 인용하였다.

120 『성리대전』 권4 「서명」의 끝부분에 있는 주자의 '논왈'(論曰) 이하에서 나온다.

121 정자는 정이(程頤)를 가리킨다. 『성리대전』 권4 「서명」, 「서명총론」에 인용되어 있다. '이일분수'는 송명유학의 핵심개념에 속한다. 이 개념은 당나라 때의 불교 화엄종(華嚴宗)과 선종(禪宗)의 사상에서 연원하였지만, 송명의 유학자들은 유학의 존재론과 윤리설을 설명하기 위하여 이 개념을 즐겨 사용하였다. '이일분수' 사상은 우주를 하나의 유기체로 이해하는 것이다. 존재론적으로 보면 전체가 하나이지만 전체 속에서 각 개체들은 자아의 독자적 개성을 가진다는 의미이고, 가치론적으로 보면 '이일'은 만물을 일체로 보는 인(仁)에 해당하며 '분수'는 각각의 상황에 마땅하게 행동하는 의(義)에 해당한다. '이일'과

명을 가진 종류로써 그렇지 않은 것이 없다. 이것이 이른바 '이일'(理一)이다. 그러나 사람과 사물이 태어남에 혈맥(血脈)을 가지는 족속들은 각각 그 어버이를 어버이로 하고 그 자식을 자식으로 하는 것이니, 그 분수가 또 어찌 다르지 않겠는가? 일통(一統)이면서 만수(萬殊)이니 비록 천하를 한 집안으로 하고 중국을 한 사람으로 생각해도 겸애(兼愛)[122]의 폐단으로 흐르지 않는 것이요, 만수(萬殊)이면서 일관(一貫)이니 비록 친소(親疎)의 정이 다르고 귀천의 등급이 다르더라도 나만 위하는 사사로움[123]에 얽매이지 않는다. 이것이 「서명」의 큰 뜻이다. 친친(親親)의 후(厚)함을 미루어 무아(無我)의 공(公)을 키우고, 사친(事親)하는 성(誠)으로 말미암아 사천(事天)하는 도를 밝힌 것을 보면, 어디를 가나 '나뉜 것'에서 '이일'(理一)을 미루는 것이 아님이 없다.

○ 또 말하였다.[124]

『서명』의 앞부분은 바둑판같고, 뒷부분은 사람이 바둑을 두는 것 같다.

'분수'의 통일적 실현이 송 대 유학이 지향하는 이념이었다. 송명의 유학자들은 「서명」은 '이일분수'의 존재론과 윤리설에 관한 대표적인 작품이라고 칭송하고 있다.

122 맹자는 묵자(墨子, B.C.479~B.C.438, 이름은 翟)의 겸애설은 가족관계를 무시[無父]하고 각자의 부모는 오직 하나일 뿐이라는 사실을 무시한 사상[二本]이라고 비판하였으니, 묵자의 사상은 '이일'에 치중하여 '분수'를 몰랐다는 비판이라고 할 수 있다. 『맹자』「등문공상」 5장과 『맹자』「등문공하」 9장의 묵자 비판을 참조할 것.

123 맹자는 양주(楊朱, B.C.440~B.C.380?)의 위아주의(爲我主義)에 대해 국가를 무시한다[無君]고 비판하였다. 즉 양주가 '분수'에 치중하여 '이일'을 무시한다고 비판한 것이다. 『맹자』「등문공하」 9장의 양주 비판을 참조할 것.

124 『성리대전』 권4「서명」, 「서명총론」에 나온다.

○ 구산양씨(龜山楊氏)[125]는 말하였다.[126]

『서명』은 이(理)가 하나이지만 나뉜 것은 다름을 설명한다. 그 이일임을 알기 때문에 인을 행하게 되는 것이요, 그 분수임을 알기 때문에 인을 행하게 되는 것이요, 그 분수임을 알기 때문에 의를 행하게 되는 것이다. 이것은 마치 맹자(孟子)가 "어버이를 친애한 다음에 백성을 사랑하고, 백성을 사랑한 다음에 사물을 사랑한다."[親親而仁民, 仁民而愛物][127]고 한 것과 같다. 이 나뉜 것 같지 아니하므로 그 베푸는 바에 차등이 없을 수 없다.

○ 쌍봉요씨(雙峯饒氏)[128]는 말하였다.[129]

『서명』의 앞부분은 사람이 천지(天地)의 아들임을 밝혔고, 뒷부분은 사람이 천지를 섬기기를 마땅히 자식이 부모를 섬기듯이 해야 한다는 것을 말하였다.

퇴계의 설명

『서명』은 장횡거(張橫渠)가 지은 것입니다. 처음 이름은 『정완』(訂頑)

---

125 구산은 양시(楊時, 1053~1135)의 호이다. 그의 자는 중립(中立)이며, 정호·정이 형제의 제자였다.

126 『성리대전』권4 서명, '논왈'에 인용되어 있다.

127 『맹자』「진심상」45장에 나온다.

128 쌍봉은 요로(饒魯, 1256년 전후)의 호이다. 그의 자는 백여(伯興)이며, 주자의 사위인 황간(黃幹)의 제자이다.

129 『성리대전』권4 「서명」, 「서명총론」에 나온다.

이었는데 정자가 『서명』이라고 고쳤고, 임은정씨(林隱程氏)[130]가 이 그림을 만들었습니다. 대개 성학은 인(仁)을 찾는 데 있는 것이니 모름지기 이 뜻을 깊이 체득해야 천지만물과 일체가 되는 것을 바야흐로 이해할 수 있습니다. 진실로 이렇게 되어야 인을 행하는 공부가 비로소 친절(親切)하고 맛이 있어서 아득하게 자신과 상관없게 될 염려가 없고, 또 남을 자기로 여기는 병통[131]도 없이 마음의 덕이 온전해지는 것입니다. 그러므로 정자는 이르기를, "『서명』의 뜻은 극히 완전하니 이것은 인(仁)의 체(體)이다."[132]라고 하였고, 또 이르기를 "다 채워서 확충한 때에 성인이 된다."[133]고 하였습니다.

---

130 정복심(程復心, 1279~1368), 자는 자견(子見), 호는 임은(林隱), 『사서장도』(四書章圖)를 지었다. 퇴계는 성학십도의 제2도와 제6도 제8도를 여기서 취하였으며, 『송계원명이학통록』에도 그를 소개하고 있다.

131 「서명」에는 '나'라는 글자가 열 번이나 나왔다. 성학에서는 주체가 모든 문제의 핵심이라는 사실을 인식하는 것이 가장 중요하다. 남의 문제를 자신의 문제로 혼동하면 안 된다는 뜻이다.

132 위와 같다.

133 위와 같다.

3
소학도

小
學
圖

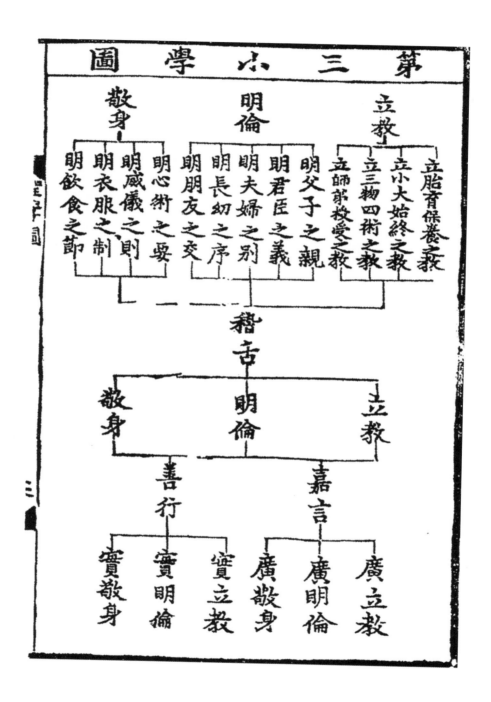

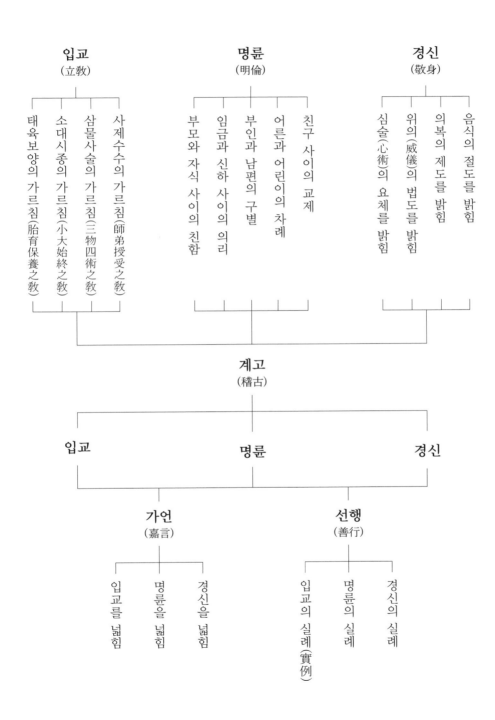

「소학졔사」(小學題辭)¹³⁴

원(元)·형(亨)·이(利)·정(貞)¹³⁵은 천도의 일정함이며, 인·의·예·지는 인성(人性)의 벼리로다.

모든 사람이 처음에는 선하지 아니함이 없으니, 성대한 사단(四端)¹³⁶이 느낌에 따라 드러나도다.

---

134 「소학도」는 『소학』의 목록에 의거하여 퇴계 스스로가 그린 그림이며, 설명하는 글은 주자가 지은 『소학』의 「제사」(題辭), 즉 『소학』의 서문이다. 「소학도」를 이해하기 위해서는 『소학』 목차의 구성을 이해하지 않으면 안 된다. 『소학』은 내편·외편 두 부분으로 갈라서 편성되었다. 내편은 또 입교(立敎)·명륜(明倫)·경신(敬身)·계고(稽古)로 편찬되었다. 입교·명륜·경신의 내용은 모두 우(虞)·하(夏)·상(商)·주(周)시대 성현의 말로 『소학』의 강령이며, 계고는 우·하·상·주 시대 성현의 행적을 채록(採錄)하여 입교·명륜·경신의 실례(實例)를 보인 것이다. 외편은 가언(嘉言)·선행(善行)으로 편찬되었는데, 이는 한대 이래의 가언과 선행을 통하여 입교·명륜·경신의 사례를 보인 것이다. 입교(入敎)란 교법을 세워 사람을 교화함이요, 명륜(明倫)이란 인륜의 윤리를 밝히는 것이며, 경신(敬身)이란 스스로 자신의 몸을 조심한다는 것이다. 「소학도」에서 다른 세목은 목차의 제목에 따라 작성하여 설명이 필요 없지만, 입교(立敎)의 세목에는 설명이 필요하다. '태육보양'은 태교(胎敎)와 영아보육(嬰兒保育)에 관한 것이며, '소대시종'은 아동교육의 내용절목과 그 시교(施敎) 순서를 말한 것이며, '삼물사술'에 있어서 '삼물'이라 함은 『주례』(周禮)에 이른바 향삼물(鄕三物)이란 것이니, 첫째 육덕(六德, 知·仁·聖·義·忠·和), 둘째 육행(六行·孝·友·睦·婣·任·恤), 셋째 육예(六藝, 禮·樂·射·御·書·數)이다. 사술(四術)은 시·서·예·악을 말한다. '사제수수'란 스승과 제자 사이에 가르치고 배우는 데 있어서 지켜야 하는 예모를 말한 것이다.

135 『주역』 「건괘」에 정이(程頤)는 『역전』(易傳)에서 "원은 만물의 시작이며, 형은 만물의 성장이며, 이는 만물의 완수(完遂)이며, 정은 만물의 완성이다."[元者, 萬物之始, 亨者, 萬物之長, 利者, 萬物之遂, 貞者, 萬物之成]라고 하였다.

136 『맹자』 「공손추상」 6장에 나오는 측은(惻隱)·수오(羞惡)·사양(辭讓)·시비(是非)의 마음이다.

어버이를 사랑하고 형을 공경하고 임금에게 충성하고 어른에게 공손하게 대하는 것, 이것을 병이(秉彛)[137]라고 부르니 순응하되 억지로 하지 말지어다.[138]

오직 성인은 본성대로 하는 사람이라 하늘과 같이 넓고 넓으니, 털끝만큼도 더하지 않지만 모든 선(善)이 갖추어지네.

중인(衆人)은 미련하여 물욕이 끊임없이 가리니, 그 벼리를 무너뜨리고 자포자기함을 편안히 여기네.

성인은 이를 측은하게 생각하여 학교를 세우고 스승을 세워, 그 뿌리를 북돋아주고 가지를 뻗어가게 하였네.

『소학』의 방법이란 물 뿌리고 청소하고 응대(應對)하며, 들어와서는 효도하고 나가서는 공경하여 행동을 도리에 어긋남이 없게 함이라네.

실천하고 남은 힘이 있으면 시를 외고 책을 읽으며, 노래하고 춤추면서 생각이 도리에서 넘침이 없게 해야 한다네.

도리[理]를 궁구하고 수신하는 것은 이 학문의 큰 것이니, 밝은 천명(天命)은 환하여 안과 밖이 없다네.

덕을 높이고 업(業)을 넓혀 그 처음으로 돌아가니,[139] 옛날에 부족한 것

---

137 『시경』「대아」「증민」에 나온다. 주희는 병이를 '백성이 지닌 일정한 성'[民所執之常性]이라고 주해하고 있으니 곧 본성을 가리킨다.

138 '강'(彊) 자의 의미는 '강'(强) 자와 같이 '억지로 한다'는 의미이다. '강'(疆)으로 된 판본도 있으나 『소학』 원본에 '강'(彊) 자로 되어 있으니, 이는 오자이다. 『퇴계전서』 1, 권7에서도 '강'(疆)으로 잘못되어 있다.

139 '처음으로 돌아간다'[乃復其初]는 말은 주자(朱子)에게 매우 중요한 것이다. 『대학』 1장 '명명덕'(明明德)의 주(註)와 『논어』「학이」(學而)의 '학'(學)의 주(註) 등에서 주자는 학문의 목표를 '복기초'(復其初)에 두고 있다. 가끔 '본성을 회복한다'[復其性]는 표현도 사용하는데 '복초'(復初)와 '복성'(復性)은 주자 사상에서 같은 의미이다. 인간은 태어나면서

이 아니었는데 이제라고 어찌 남음이 있겠는가!¹⁴⁰

　세대가 멀어지고 성인이 없어져서 경전이 없어지고, 가르침이 해이해졌으며, 어렸을 때 가르침이 단정치 못하니 자라서는 더욱 천박해지는구나.

　마을에 선한 풍속이 없어지고 세대마다 좋은 인재가 부족하니, 이욕(利欲)에서 옥신각신 싸움하며 이단의 말로 시끄러이 떠들었도다.

　다행히도 이 병이가 끝까지 떨어지지 아니하니, 이에 들은 것을 주워 모아 뒤에 오는 세대를 깨우칠까 하노라.

　아! 젊은 사람들이여! 공경스럽게 이 책을 받을지어다. 내가 노망이 들어 하는 말이 아니라 성인의 말씀이니라.

퇴계가 인용한 주희의 「대학혹문」(大學或問)

　○ 어떤 사람이 물었다. "그대는 사람에게 『대학』(大學)의 도를 말하려 하면서 또 『소학』(小學)의 글을 상고하려고 하니 무슨 까닭인가?" 주자는 이렇게 대답하였다. "학문의 대소는 같지 아니하나 도를 위함은 한 가지일 따름이다. 그러므로 어렸을 때 소학을 익히지 아니하면 그 흩어진 마음을 거두고 그 덕성을 길러 『대학』의 기본을 삼을 수 없고, 자라서 『대학』으로 나아가지 않으면 의리를 살피고 사업에 실행하여 『소학』의 성공을 거둘 수 없다. 이제 어린 학사(學士)로 하여금 반드시 스스로 쇄소(灑

　선한 본성을 타고난다고 보기 때문이다.

140 인간의 본성은 옛날이나 지금이나 남음과 모자람이 없는, 영원히 온전한 원리의 세계라는 것이다.

掃)·응대(應對)·진퇴(進退)와 예(禮)·악(樂)·사(射)·어(御)·서(書)·수(數)
의 육예(六藝)를 다 익히게 하고, 자란 뒤에는 명덕(明德)·신민(新民)으로
나아가 지선(至善)에 머물도록 하는 것은 순서상 당연한 것인데, 또 무엇
이 안 된다는 말인가?" 어떤 사람이 또 "나이가 이미 장성해서도 공부가
여기 미치지 못한 사람은 어떻게 해야 하는가?" 하고 물으니, 이렇게 대
답하였다. "이미 지나간 세월은 따라잡을 수 없지만 그 공부의 순서와
조목이야 어찌 보충하지 못하겠는가? 내가 들으니 경(敬)이라는 한 글자
는 성학(聖學)의 처음과 끝을 이루는 것이라고 한다.[141] 『소학』을 하는 이
로서 여기에서 말미암지 않고서는 본원(本源)을 함양하여 쇄소·응대·진
퇴의 예절과 육예의 가르침을 삼가지 못할 것은 물론이요, 『대학』을 하
는 이도 여기에서 말미암지 않고서는 총명함을 개발하여 덕을 나아가게
하고 업을 닦아서 명덕(明德)과 신민(新民)의 공을 이루지 못할 것이다.
불행히 때를 놓친 뒤에라도 학문하는 사람이 진실로 경에 힘써 『대학』에
나아가고 『소학』도 아울러 보충하면, 그 나아가는 것에 장차 근본이 없
어서 스스로 도달하지 염려는 없을 것이다."

퇴계의 설명

○『소학』은 옛날에 그림이 없었는데, 신이 삼가 본서의 목록에 이거
하여 이 그림을 만들어서 「대학도」와 대조할 수 있도록 하였습니다. 또

---

141 『심경부주』제5조 곤괘 제2효의 "군자는 경을 행함으로 안을 바르게 하고, 의를 행함으로
바깥을 방정하게 한다."를 해석하며 '경'(敬)과 관련된 여러 학자들의 견해를 모아 놓았다.
이곳에 주희의 이 말도 인용되었다.

주자가『대학혹문』에서『대학』·『소학』을 통론한 설을 인용하여 두 가지 공부의 대강을 보였습니다. 대개『소학』과『대학』은 서로 기대어 이루어진 것이므로 하나이면서 둘이요, 둘이면서 하나입니다. 그러므로『대학혹문』에서 그것을 통론할 수 있었으니, 이 두 그림에서도 함께 수용하여 나누어 말할 수 있습니다.

4

대학도

大學圖

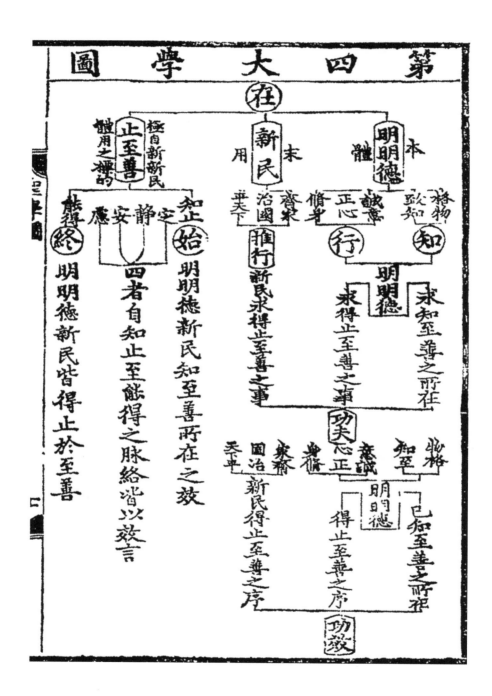

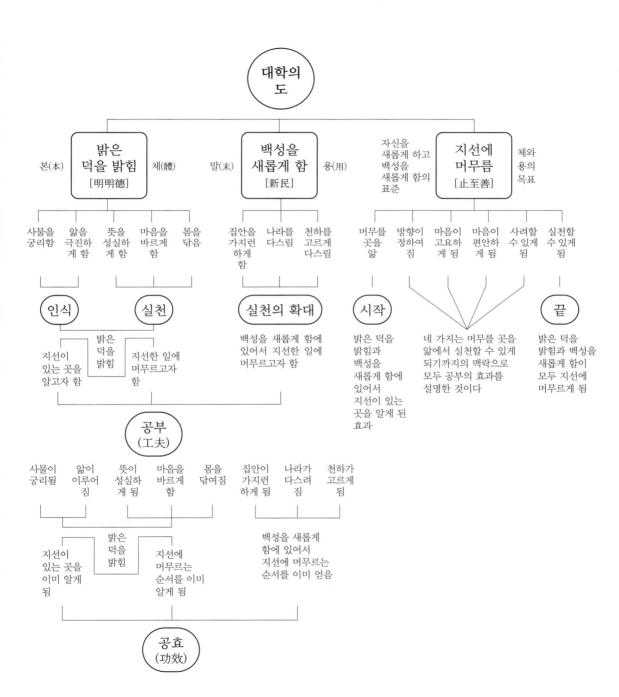

「대학경문」(大學經文)[142]

대학의 도는 밝은 덕을 밝힘에 있고, 백성을 새롭게 함에 있으며, 지선(至善)에 머무름에 있다.[143]

---

142 주자는 『대학』을 경(經) 1장과 전(傳) 10장의 체재로 나누어 설명하였다. 경(經)이란 성인의 말씀, 곧 공자의 말씀이며, 전(傳)이란 현인의 말로 증삼(曾參)이 공자의 말씀을 보충하여 설명한 것이다. 여기 인용된 원문은 『대학』의 경에 해당되며, 도(圖)는 양촌(陽村) 권근(權近, 1352~1409, 그의 자는 可遠, 호는 陽村이다.)이 그린 것이다. 양촌은 『입학도설』에서 초학자들의 이해를 돕기 위해 유학사상의 요체가 되는 내용들을 그림으로 그리고 간략한 해설을 붙였다. 이것이 효시가 되어 우리나라의 많은 유학자들은 이후 그림을 통하여 유학사상을 해설하였다. 퇴계의 「천명도」와 「성학십도」도 양촌의 영향을 받은 것이다. 특히 「대학도」는 양촌의 그림을 약간만 수정하여 『성학십도』에 채용하였다. 수정된 곳은 세 곳이다. 첫째 양촌은 '뜻을 성실하게 함'[誠意], '마음을 바르게 함'[正心], '몸을 닦음'[修身]의 아래에 '밝은 덕을 밝히기 위하여 지선한 일에 머무르기를 구함'[明明德求得止至善之事]이라고 하였는데, 퇴계는 '밝은 덕을 밝힘'[明明德]을 '사물을 궁리함'[格物] 및 '앎을 극진하게 함'[致知]과 '뜻을 성실하게 함', '마음을 바르게 함', '몸을 닦음'의 사이에 두었다. 양촌은 '밝은 덕을 밝힘'을 실천공부에만 해당시켰지만 퇴계는 인식과 실천공부에 다 해당하게 배치한 것이다. 둘째 양촌은 '밝은 덕을 밝힘'[明明德]을 '뜻이 정성스럽게 됨'[意誠], '마음이 바르게 됨'[心正], '몸이 닦임'[身修] 사이에 배치하였다. 이는 첫째와 같이 양촌은 '밝은 덕을 밝힘'을 실천에만 포함시키는데 반하여 퇴계는 인식과 실천에 다 포함시킨 것이다. 셋째 양촌은 '머무를 곳을 앎'[知至]에서 '얻게 됨'[能得]까지를 설명하면서 '머무를 곳을 앎' 아래에 '사물이 궁리되어 앎이 이루어짐의 효과'[物格知至之效]라고 하였는데, 퇴계는 '밝은 덕을 밝힘과 백성을 새롭게 함에 있어서 지선이 있는 곳을 알게 된 효과'[明明德新民知至善所在之效]라고 바꾸었다. 양촌은 머무를 곳을 알게 되는 것이 사물이 궁리되어 앎이 이루어진 효과로 보는 데 반하여 퇴계는 머무를 곳을 알게 되는 것이 밝은 덕을 밝히는 것과 백성을 새롭게 하는 것 전체에 대하여 지극히 선함이 있는 곳을 알게 된 효과라고 보고 있다. 『퇴계전서』 1, 권7의 「대학도」에는 '물격(物格) 다음에도 '지지'(知止)라고 되어 있는데, 이는 '지지'(知至)가 잘못된 것이다.

143 '밝은 덕을 밝힘'[明明德], '백성을 새롭게 함'[新民], '지선에 머무름'[止於至善] 이 세

머무를 곳을 안 다음에야 방향이 정해지고, 방향이 정해진 다음에야 마음이 고요할[靜] 수 있으며, 마음이 고요한[靜] 다음에야 편안할[安] 수 있고, 편안한 다음에야 생각할[慮] 수 있으며, 생각한 다음에야 얻을[得] 수 있다.

사물[物]에는 근본과 말단이 있고, 일에는 끝과 시작이 있다. 먼저 하고 뒤에 할 바를 알면 도에 가까우니라.

옛날에 밝은 덕을 천하에 밝히고자 하는 사람은 먼저 그 나라를 다스리고, 그 나라를 다스리고자 하는 사람은 먼저 그 집안을 가지런히 하며, 그 집을 가지런히 하려는 사람은 먼저 그 몸을 닦고, 그 몸을 닦고자 하는 사람은 먼저 그 마음을 바르게 하며, 그 마음을 바르게 하고자 하는 사람은 먼저 그 뜻을 진실 되게 하고, 그 뜻을 진실 되게 하고자 하는 사람은 먼저 그 앎을 극진하게 하였으니, 앎을 극진하게 함은 사물을 궁리함에 달려 있다.[144]

가지는 대학의 삼강령(三綱領)이다. 강(綱)은 그물의 벼리이며, 령(領)은 옷의 깃이니 강령은 사물의 가장 요긴한 부분을 가리킨다.

[144] '사물을 궁리함'[格物], '앎을 극진히 함'[致知], '뜻을 정성스럽게 함'[誠意], '마음을 바르게 함'[正心], '몸을 닦음'[修身], '집안을 가지런하게 함'[齊家], '나라를 다스림'[致國], '천하를 고르게 함'[平天下]의 여덟 가지는 팔조목(八條目)이다. 팔조목은 삼강령을 순서에 따라 자세하게 나눈 것이니, 사물을 궁리함에서 몸 닦음까지는 밝은 덕을 밝힘이며, 집안을 가지런하게 함에서 천하를 고르게 함까지는 백성을 새롭게 함이고, 이 두 가지는 '지선에 머무름'을 지향한다. 팔조목 가운데서 가장 논란의 대상이 되는 조목은 격물치지이다. 주자학과 양명학의 이론상의 갈림길도 또한 여기에서 시작되었다. 주자학은 '이'(理)가 사람과 사물에 보편적으로 있다고 주장하는 데 반하여, 양명학은 '마음이 곧 이이다.'[心卽理]라고 주장하여 사물에 있는 이(理)를 무시한다. 그래서 격물치지의 해석에서 주자학은 마음 안의 이와 사물에 있는 이를 다 궁리할 것을 요구하지만, 양명학에서는 마음을 바르게 하여 마음 가운데 있는 선천적 인식능력인 양지(良知)를 극진하게 하는 것을 격물치지라고 한다. 퇴계는 양명의 입장을 비판하고 주자의 입장을 따르고 있다.

사물이 궁리된 다음에 앎이 이루어지고, 앎이 이루어진 다음에 뜻이 진실하게 되며, 뜻이 진실하게 된 다음에 마음이 바르게 되고, 마음이 바르게 된 다음에 몸이 닦여지며, 몸이 닦여진 다음에 집이 가지런하게 되고, 집이 가지런하게 된 다음에 나라가 다스려지며, 나라가 다스려진 다음에 천하가 고르게 된다.

천자로부터 보통사람에 이르기까지 한결같이 다 몸을 닦는 것을 근본으로 삼아야 한다. 근본이 어지러운데 말단이 다스려지는 법은 없다. 그후(厚)할 데에서 박(薄)하고 박할 데에서 후한 경우는 있을 수 없다.

퇴계가 인용한 「대학혹문」

○ 어떤 사람이 물었다.

"경(敬)을 그대는 어떻게 공부하는가?"

주자는 이렇게 말하였다.

"정자는 '주일무적'(主一無適)[145]으로 말하였고, '정제엄숙'(整齊嚴肅)으로 말하였으며, 문인(門人) 사씨(謝氏)[146]는 이른바 '항상 깨어있게 하는 방법'[常惺惺法]이란 것을 말한 일이 있고, 윤씨(尹氏)[147]는 '그 마음을 수렴하여 하나의 물건도 용납하지 않는다'[其心收斂, 不容一物]고 말한 일이

---

145 동정의 때에 관계없이 마음이 제자리를 벗어나지 아니함이다. 어떤 일을 할 때는 그 일에 전일함이며, 아무 일이 없을 때에는 그 마음이 제자리에서 전일함이다. 이하의 경에 관한 설명은 『심경부주』제5조에서 자세히 설명되어 있다.

146 정이(程頤)의 제자 사량좌(謝良佐, 1050~1103)로, 자는 현도(顯道)이며, 호는 상채(上蔡)이다.

147 정이의 제자 윤돈(尹焞, 1071~1142)으로 자는 언명(彦明)이고, 화정(和靖)이다.

있다. 경이란 마음의 주재(主宰)요, 만사의 근본이다. 그 힘쓰는 방법을 알면, 『소학』을 여기에서부터 시작하지 않으면 안 된다는 것을 알 수 있다. 『소학』을 여기에서 시작해야 한다는 것을 알면 『대학』도 이것에 의존하지 않은 채 마칠 수 없다는 것도 일관적으로 분명해질 것이다. 대개 이 마음이 확립되고, 이로 말미암아 사물을 궁리하고 앎을 다하여 사물의 이치를 다하면, 그것이 이른바 '덕성을 높이고 학문을 일삼는 것'[尊德性而道問][148]이다. 이로 말미암아 뜻을 진실되게 하고, 마음을 바르게 하여 그 몸을 닦으면, 이것이 이른바 '먼저 큰 것을 세우면 작은 것이 빼앗지 못한다'[先立乎其大者, 則其小者不能奪也][149]는 것이다. 이로 말미암아 집을 가지런하게 하고 나라를 다스려 천하에까지 미치면, 이것이 이른바 '자기 몸을 닦아 백성을 편안케 한다'[修己以安百姓][150]는 것이며, '돈독하고 공손해서 천하가 공평해진다'[篤恭而天下平][151]는 것이다. 이 모든 것에 있어서 처음부터 하루라도 경을 떠나지 못하는 것이니, 경 한 글자가 어찌 성학에 있어서 처음과 끝을 이루는 요체가 아니겠는가?"

---

148 『중용』 27장에 나온다. '덕성을 높이는 것'[尊德性]과 '학문을 일삼는 것'[道問學]은 유학에서 학문의 두 기둥이다. 세상에서 상산 육구연은 존덕성을 중시하고, 주희는 도문학을 중시하였다고 하나 이는 정확한 지적이 아니다. 주희의 경우 거경과 궁리가 학문의 두 기둥인데 거경은 곧 존덕성에 해당된다. 퇴계의 경우도 주희와 마찬가지이다.

149 『맹자』 「고자상」 15장에 나온다.

150 『논어』 「헌문」 45장에 나온다.

151 『중용』 33장에 나온다.

퇴계의 설명

○ 위의 글은 공자가 남긴 『대학』의 첫 장입니다. 조선 초의 신하 양촌 (陽村) 권근(權近)이 이 그림을 그렸습니다. 장 아래에 인용된 『혹문』이 『대학』과 『소학』을 통론한 뜻은 「소학도」 아래에서 말하였습니다. 그러 나 『대학』과 『소학』 두 설만 통합해서 볼 것이 아니라, 위아래의 여덟 그림도 다 마땅히 이 두 그림과 통합해서 보아야 할 것입니다. 대개 위 두 그림은 단서를 찾아 확충하고 하늘의 도를 체득하여 도를 다하는 극 치의 곳으로서 『소학』과 『대학』의 표준과 본원이 되고, 아래 여섯 그림 은 명선(明善)·성신(誠身)·숭덕(崇德)·광업(廣業)을 힘쓰는 곳으로서 『소 학』과 『대학』의 전지(田地)와 사공(事功)이 되는 것입니다. 그리고 경이 란 것은 또 형이상(形而上)과 형이하(形而下)에 다 통하는 것이니, 공부를 시작하고 효과를 거두어들임에 있어서 다 마땅히 종사하여 잃지 말아야 할 것입니다. 그러므로 주자의 말씀도 저와 같았고, 이제 이 『십도』(十 圖)도 다 경으로써 주를 삼았습니다.(「태극도설」에서는 정을 말하고 경 을 말하지 않았는데, 주자가 주석 가운데에서 경을 말함으로써 보충하였 습니다.)

5

백록동규도

白鹿洞規圖

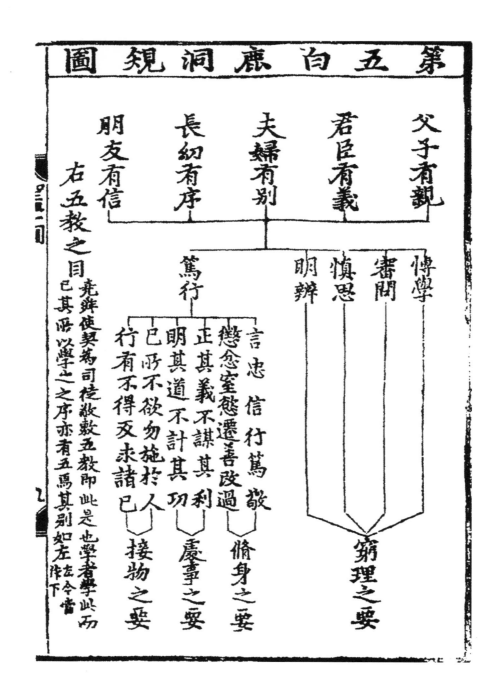

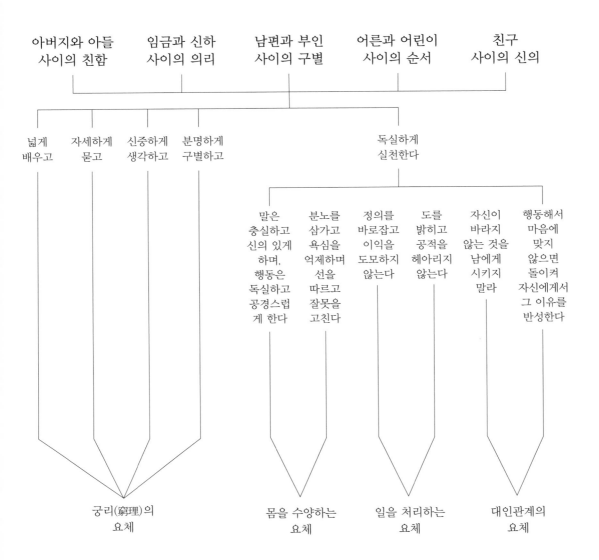

위의 오륜은 요·순이 설(契)을 사도(司徒)로 삼아 백성들에게 가르치게 한
오교(五敎)의 내용이다. 학문이란 이것을 배우는 것일 뿐이다. 그것을 배우는
순서에 다섯 가지가 있으니 바로 아래에 있는 다섯 가지이다.

「동규후서」(洞規後敍)¹⁵²

내가 가만히 살펴보건대, 옛 성현이 사람을 가르쳐 학문을 하게 하는 뜻은 다 의리를 풀이하고 밝혀 그 몸을 닦은 뒤에 미루어 남에게 까지 미치게 하려는 것이지, 한갓 넓게 보고 열심히 기억하여 문장으로 이름이나 날리고 녹봉(綠峰)의 이익이나 취하게 하려고 하는 것은 아니었다. 지금 학문하는 사람은 이미 이와는 반대로 되었다.

그러나 성현들이 사람을 가르치던 법은 경전에 다 갖추어져 있다. 뜻 있는 선비는 마땅히 숙독하고 깊게 생각하여 묻고 변별해야 할 것이다. 진실로 이(理)의 당연함을 알아서 그 필연의 이치로 스스로를 책려한다면, 어찌 다른 사람이 법규와 금지조항을 만들어 준 뒤에야 지키고 따를 것이 있겠는가?

요즈음 학교에 규약이 있지만, 학자를 대우함이 이미 천박하고 법규도 옛사람의 뜻에 꼭 부합하는 것 같지 않으므로 이제 이 학당(學堂)에서

---

152 『백록동규』(白鹿洞規)는 남강군(南康軍)에 있던 백록동 서원의 학자들에게 게시하기 위하여 주희가 지은 학규(學規)이다. 주희는 학규를 만든 다음 「학규후서」를 지었다. 이 글은 『주문공문집』(朱文公文集) 권74에 실려 있다. 퇴계는 학규의 목차를 도표로 만들었다. 퇴계가 『백록동규』(白鹿洞規)를 중시한 사실은 송당(松堂) 박영(朴英, 1471~1540)이 지은 『백록동규집해』(白鹿洞規集解)에 대한 비판에서 충분히 볼 수 있다. 이는 「답황중거론백록동규집해」(答黃仲擧論白鹿洞規集解)(『퇴계전서』 1, 권19)라는 편지 내용 가운데 자세하게 나타나 있다. 「김이정에게 답함」(『퇴계전서』 2, 권29)이라는 편지에서도 「백록동규」의 중요성이 강조되고 있다. 퇴계는 「백록동규도」를 통하여 오륜을 통한 윤리의 인식과 실천이 유학의 근본적인 문제라는 것을 밝히고 있다.

는 다시는 그것을 실행하지 않는다. 성현이 사람을 가르쳐 학문을 하게 한 큰 단서만을 특별히 취하여 조목별로 나열하여 문 위에 개시한다.

제군이 서로 더불어 강구하고 준수하여 스스로 실천한다면, 생각하고 말하고 행동함에 있어서 삼가고 두려워 할 바가 반드시 이전의 규약보다도 더 엄할 것이다. 그렇지 않고 혹 금지조항의 범위를 벗어나게 되면, 이른바 저 규약(規約)이란 것도 반드시 취해야 할 것이니, 진실로 없앨 수 없다.[153] 제군은 잘 생각할지어다.

퇴계의 설명

○「백록동규」(白鹿洞規)는 주자가 지어서 백록동 서원의 학자들에게 게시한 것입니다. 백록동은 남강군(南康軍)[154] 북쪽 광려산(匡廬山) 남쪽에 있는데, 당(唐)나라 때 이발(李渤)[155]이 여기에 은거하여 흰 사슴을 기르면서 자적(自適)하였으므로 그 동(洞)의 이름이 된 것입니다. 남당(南唐, 5대 10국 중 하나, 937~975) 때에 서원을 세우고 국상(國庠)이라고 불

---

153 이 글을 통해본다면, 옛날의 학규는 학생들의 행동을 규제하는 구체적인 규약이었던 것 같다. 주희는 학자들이 학문을 통하여 경전을 익혀 진리를 알고 실천하게 되면 그러한 통제규범이 필요 없겠지만, 혹 그렇지 못할 경우에는 그러한 규약이 다시 필요하게 될지도 모른다고 하면서, 학생들이 자율적으로 학문에 종사하도록 독려하고 있다.

154 오늘날 강서성(江西省) 성자현(星子縣)에 있는 한 부(府)의 이름이다. 송(宋)나라 때 남강군(南康軍)을 두었는데, 원(元)나라에서는 남강로(南康路)라고 하였고 명(明)나라에서는 남강부(南康府)라 하였다. 백록동 서원의 자리는 지금의 강서성, 여산(廬山)의 오로봉(五老峰) 아래에 있다.

155 당(唐)나라 때의 낙양인(洛陽人)으로 자는 준지(濬之)이다. 형인 섭(涉)과 더불어 백록동에 은거하다가 뒤에 강주 자사(江州刺史)가 되어 백록동에 대사(臺榭)를 구축하였다.

렀는데[156] 학도가 항상 수백 명이 되었습니다. 송(宋) 태종(太宗)이 서적을 내려주고 동주(洞主)에게 관직을 내려 권장하였습니다. 중간에 황폐해졌는데, 주자가 남강군에 지사(知事)로 있을 때 조정에 요청하여 이를 중건하고 학도를 모아 규약을 만들어 도학(道學)을 앞장서 밝히니, 서원의 가르침이 드디어 천하에 성행하게 되었습니다. 이제 삼가 규약의 글에 있는 본래의 조목에 의하여 이 그림을 그려 보고 살피기 편하게 하는 바입니다. 대개 당(唐)·우(虞)의 가르침은 오품(五品)[157]에 있고, 하(夏)·상(商)·주(周) 삼대(三代)의 학문은 다 인륜을 밝히는 것이므로, 규약의 궁리와 역행도 다 오륜(五倫)에 근본하였습니다. 그리고 제왕의 학문이 갖추어야 할 법규와 금지조항은 일반 학자와 다 같을 수는 없지만, 도리·이치에 근본하여 궁리·역행함으로써 심법(心法)의 핵심을 얻으려고 한다는 점에서는 다르지 않습니다.

○ 이상 다섯 도는 천도에 근본하고 있지만 목적은 인륜을 밝혀 덕업에 힘쓰게 하는 데 있습니다.

---

156 남당(南唐) 승원(昇元) 원년인 940년에 서원을 세우고 이선도(李善道)를 동주(洞主)로 임명하여 교수로 삼고, 백록동국상(白鹿洞國庠)이라고 칭하였다.

157 오품은 오륜(五倫)으로 유가 윤리사상의 기본이다. 부자(父子)·군신(君臣)·부부(夫婦)·장유(長幼)·붕우(朋友) 등의 기본적 인간관계를 통하여 실천이 성에 합당한 삶을 실현하는 데에 유학의 근본 되는 문제의식이 있다.

6

심통성정도

心
統
性
情
圖

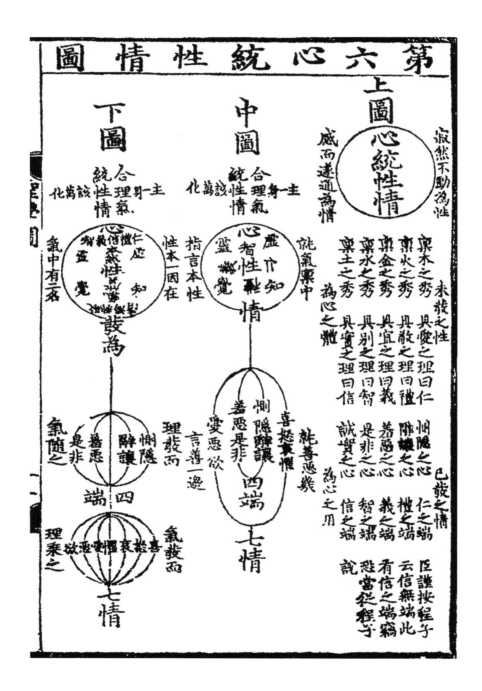

상도
(上圖)

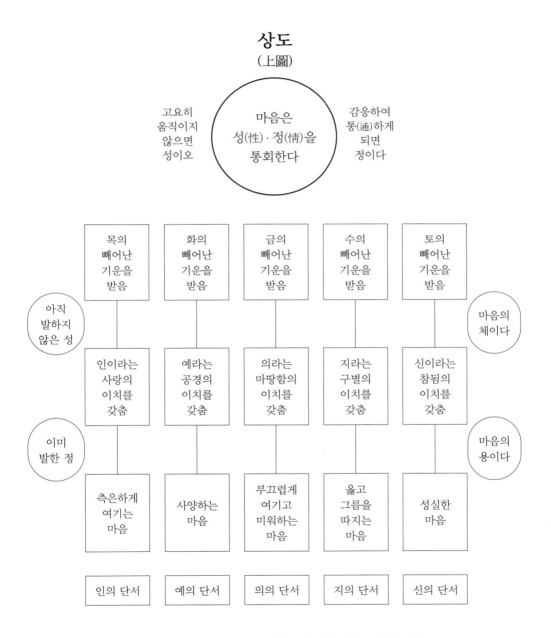

신이 삼가 생각건대, 정자가 "신에는 단서가 없다"고 하였는데
여기에는 신의 단서가 있으니, 아마도 정자의 설을 따르는 것이 마땅할 것 같습니다.

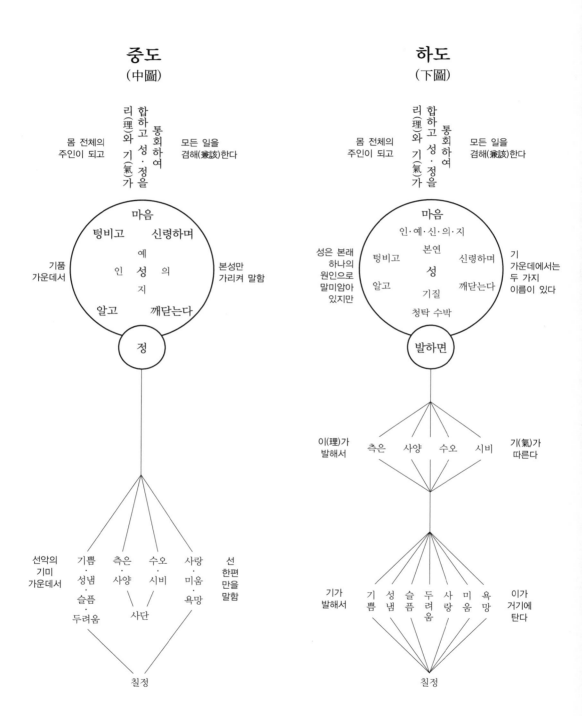

중도
(中圖)

마음

합하고 성 · 정을
통회하여
리(理)와 기(氣)가

몸 전체의
주인이 되고

모든 일을
겸해(兼該)한다

텅비고　　신령하며

예

인　성　의

지

기품
가운데서

본성만
가리켜 말함

알고　　깨닫는다

정

선악의
기미
가운데서

선
한편
만을
말함

기쁨
· 성냄
· 슬픔
· 두려움

측은
· 사양

수오
· 시비

사랑
· 미움
· 욕망

사단

칠정

하도
(下圖)

마음

합하고 성 · 정을
통회하여
리(理)와 기(氣)가

인 · 예 · 신 · 의 · 지

본연

성

기질

청탁 수박

몸 전체의
주인이 되고

모든 일을
겸해(兼該)한다

성은 본래
하나의
원인으로
말미암아
있지만

기
가운데서는
두 가지
이름이 있다

텅비고

신령하며

알고

깨닫는다

발하면

이(理)가
발해서

기(氣)가
따른다

측은　사양　수오　시비

기가
발해서

이가
거기에
탄다

기
쁨

성
냄

슬
픔

두
려
움

사
랑

미
움

욕
망

칠정

「심통성정도설」(心統性情圖說)[158]

임은정씨(林隱程氏)가 말하였습니다.

"이른바 '마음이 성정(性情)을 통회(統會)[159]한다'[心統性情]는 것은 사람이 오행(五行)[160]의 빼어난 기운을 받아서 태어나, 그 빼어난 기운에 의해서 오성(五性)[161]이 갖추어지고, 오성이 활동하는데서 칠정(七情)[162]이 나

---

158 이 도는 세 개의 그림으로 이루어져 있는데, 앞의 것은 정복심(程復心)이 그린 것이고 뒤의 두 개는 퇴계가 그린 것이다. 「심통성정도」는 성리학의 심성론의 기초를 보여준다. 특히 오랜 기간 기대승(奇大升)과 서찰 왕래를 통해 정립된 사단 칠정에 대한 퇴계의 정설이 두 개의 그림 안에 다 갖추어져 있다. 성리학의 학문적 목표가 '궁리진성'(窮理盡性)으로 천명을 알아 '천일합일'의 경지에 도달하는 것에 있다 하더라도, 그 출발점은 성선(性善)을 기초로 하는 인간의 심성에 있다. 이 도는 뒤의 「인설도」(仁說圖), 「심학도」(心學圖)와 함께 성리학의 심성론의 핵심을 해명하는 그림이다. 도설은 정복심이 지었다.

159 통(統)은 통회(統會)·통섭(統攝)·통괄(統括) 등의 여러 가지 의미를 지니고 있고, 세 가지로 다 번역되기도 한다. 마음과 성정의 관계에서 보자면 마음이 성정을 다 포함한다는 측면에서는 통회가 될 것이며, 마음이 성정을 주재하고 조절한다는 측면에서는 통섭·통괄이 될 것이다. 존재론적으로 말하면 통회가 되며, 실천적 삶으로 말하면 통섭하고 통괄한다는 의미로 된다.

160 오행은 상생의 순서 또는 운행의 순서로 나열하면 목·화·토·금·수가 되고, 생성의 순서로 말하면 수·화·목·금·토가 되며, 상극의 순서로 나열하면 수·화·금·목·토가 된다. 음양오행사상에 의하면 음양의 단계는 아직 기의 단계이며, 오행의 단계에 와서 질(質)이 갖추어지므로 태극과 음양과 오행이 묘합하여야 만물의 생성이 이루어져 형체를 갖추게 된다고 한다. 「태극도설」 참조.

161 오성은 인·의·예·지·신을 가리킨다. 오행과 오성은 서로 대응된다. 목은 인과 대응되고, 화는 예와, 토는 신과, 금은 의와, 수는 지와 대응된다. 오행은 기에 속하고 오성은 이에 속한다. 성리학에서는 기가 있으면 이가 있고, 이가 있으면 기가 있어 이와 기가 서로 떨어질 수도 서로 뒤섞일 수도 없다고 한다.

온다는 것을 말한 것이다."

무릇 그 성과 정을 통회한 것이 마음이다. 그러므로 그 마음이 적연부동(寂然不動)[163]하면 성이 되니 그것이 마음의 본체요, 감이수통(感而遂通)[164]하면 정이 되니 그것이 마음의 작용이다.

장횡거가 '마음은 성과 정을 통회한다'[165]고 말하였으니, 이 말이 맞다.

마음은 성을 통회하므로 인·의·예·지를 성이라 하고 또 '인의의 마음'이란 말도 있게 되었다. 마음은 정을 통회하므로 측은·수오·사양·시비를 정이라 하고, 또 '측은한 마음'이니 '수오·사양·시비의 마음'이니 하는 말도 있게 되었다.

마음이 성을 통섭하지 못하면 미발(未發)의 중(中)을 이룰 수 없어서 성이 바닥나기 쉽다. 마음이 정을 통섭하지 못하면 절도에 맞는 화(和)를 이룰 수 없어서 정이 방탕하기 쉽다.[166]

---

162 희(喜)·노(怒)·애(哀)·구(懼)·애(愛)·오(惡)·욕(欲)을 가리킨다.

163 '적연부동'과 '감이수통'은『주역』「계사상」10장에서는 점의 원리를 설명하는 내용이었으나, 성리학에서는 마음을 설명하는 데 더 많이 쓰이게 되었다. 마음이 외물과 관계를 맺기 이전에 '조용히 움직이지 않는 상태'를 '적연부동'이라고 한다. 이 상태는 아무런 정서도 없는 상태이지만, 그렇다고 아무런 가능성도 없는 아무렇게 취급하여도 괜찮은 상태가 아니라, 대상에 응할 수 있는 가능성이 온전하게 갖추어진 이상적인 상태이다. 외부 사태와의 관계 맺음을 통하여 나타나는 마음의 현상이 다양하다고 하지만 이 다양성의 원리와 가능성은 '적연부동'한 마음 가운데 이미 갖추어져 있다는 것이다. 성리학에서는 이러한 상태를 '체'(體), '미발'(未發), '성'(性) 등의 개념으로 설명한다.

164 완전 가능태로서의 '적연부동'한 마음이 대상과 접하게 되면 자신의 가능성을 발현하니 그것이 바로 '감응하여 드디어 통하게 된다'는 '감이수통'이다. 그래서 '적연부동'은 마음의 본체·본성·미발 등으로 불리는데 반하여 '감이수통'은 작용[用]·정(情)·이발(已發) 등의 개념으로 설명된다.

165 『장재집』(張載集)「성리습유」(性理拾遺) 8에 나오며,『근사록집해』1-50에 실려 있다.

166 『중용』1장의 "희로애락이 아직 발하지 않은 마음의 상태를 중(中)이라 하고, 발해서 모든

학자는 이것을 알고 반드시 먼저 그 마음을 바르게 하여 성을 기르고 정을 제약한다면, 학문의 이상을 얻게 될 것이다.

(**퇴계의 보충설명** : 신은 생각하옵건대 정자의 「호학론」(好學論)[167]에는 '그 정을 단속한다'는 말이 '정심'(正心)·'양성'(養性)의 앞에 있습니다.[168] 이 도설에서 도리어 뒤에 있는 이유는 이 도설은 마음이 성정을 통회하는 것이라고 말하기 때문입니다. 그러나 이치를 궁구해서 말한다면 정자의 주장이 이치에 맞다고 해야 할 것입니다. ○ 그림에 온당하지 못한 곳이 있어서 약간 고쳤습니다.)

퇴계의 설명

○ 이상 세 그림 중에서 위의 한 그림은 임은정씨(林隱程氏)가 그리고 스스로 그 해설을 붙인 것입니다. 중·하 두 그림은 신이 성현의 입언(立言)하고 수교(垂敎)한 뜻을 미루어 생각하여 그린 것입니다. 중도는 기품(氣稟) 가운데 나아가 기품과 섞이지 않은 본연의 성을 가리킨 것입니다. 자사(子思)가 '하늘이 명했다'[169]는 성이나 맹자가 '본성은 선하다'[170]라고

것이 절도에 맞는 것을 화(和)라 한다."[喜怒哀樂之未發謂之中, 發而皆中節謂之和]라는 구절에서 나온 말이다.

167 정이(程頤)가 지은 「안자가 좋아한 것이 어떠한 학문인가」[顔子所好何學論]라는 글을 가리킨다. 이 글은 「하남정씨문집」(河南程氏文集) 권8에 나오며, 『근사록집해』 2-3에 실려 있다.

168 「호학론」에는 "정이 이미 치열해져 더욱 방탕하게 되면, 그 본성이 바닥나게 된다. 그래서 깨달은 자는 그 정을 제약하여 중도에 합치하도록 하여 마음을 바르게 하고 본성을 기른다."[情旣熾而益蕩, 其性鑿矣, 是故覺者, 約其情, 使合於中, 正其心, 養其性]

169 『중용』 1장의 "하늘이 명한 것을 성이라고 한다."[天命之謂性]라는 말을 가리킨다.

말했을 때의 성, 정자가 '성이 곧 이(理)[171]라고 말했을 때의 성이나 장횡거가 '천지의 성[172]이라고 말했을 때의 성이 모두 이것입니다. 성을 이미 이와 같이 말하였기 때문에, 발하여 정이 된 것에 대해서도 선한 것만 가리켜 말하였습니다. 자사가 말한 '중절'(中節)의 정[173]이나 맹자가 말한 '사단'(四端)의 정[174]이나, 정자가 "어찌 선하지 않다고 이름 할 수 있겠는가."[175]라고 말했을 때의 정이나, 주자가 "성으로부터 흘러 나와 본래 선하지 않음이 없다."[176]라고 말했을 때의 정이 이것입니다. 하도는 이(理)와 기(氣)를 합하여 말한 것이니, 공자가 '서로 비슷하다'[177]라고 했을 때의 성, 정자가 '성은 기이며[性卽氣], 기는 곧 성'[氣卽性][178]이라고 했을

---

170 『맹자』「등문공상」1장의 "맹자가 '성은 성하다'고 말하였다."[孟子-道性善]를 가리킨다.

171 『하남정씨유서』(河南程氏遺書) 권22 상에 "성은 곧 이이니, 이라는 것은 성이다."[性卽理也, 所爲理, 性是也]라고 나온다. 이는 정이천의 말이다.

172 장횡거의 『정몽』(正蒙)「성명」(誠明)에 "형체가 있게 된 뒤에 기질의 성이 있으니, 잘 반성하면, 천지의 성이 있게 된다. 그러므로 기질의 성은 군자가 성으로 여기지 않는다."[形而後有氣質之性, 善反之, 則天地之性存焉, 故氣質之性, 君子有弗性者焉]라고 나온다.

173 『중용』1장의 "희로애락이 발하기 이전의 상태를 중이라고 하고, 발하여 절도에 맞는 것을 화라고 한다."를 가리킨다.

174 『맹자』「공손추상」6장과 『맹자』「고자상」6장에 나온다.

175 『하남정씨수언』(河南程氏粹言) 권2에 나온다. "정이란 성이 움직인 것이어서 바른 데로 귀착될 뿐이다. 어찌 선하지 않다고 이름할 수 있겠는가?"[情者性之動也, 要歸之正而已, 亦河得以不善名之]

176 『주자어류』권5, 69절에 나온다. "맹자가 '정은 선하게 될 수 있다'고 말한 것은 바른 정은 성으로부터 나온 것이어서 원래 좋지 않음이 없기 때문이다."[孟子謂情可以爲善, 是說那情之正, 從性中流出者, 元無不好]

177 『논어』「양화」2장에 나온다. "성은 서로 비슷하지만, 습관에 의해 서로 멀어진다."[性相近也, 習相遠也]

178 『하남정씨유서』권1에 나온다. "타고난 그대로를 성이라고 말한다. 성은 기이며, 기는

때의 성, 장자가 '기질의 성'[179]이라고 했을 때의 성, 장자가 '기질의 성'이라고 했을 때의 성, 주자가 "비록 기 속에 있어도 기는 기대로 성은 성대로 서로 섞이지 않는다."[180]라고 했을 때의 성이 이것입니다. 성을 이미 이와같이 말하였기 때문에 발하여 정이 되는 것에 대해서도 이와 기가 서로 의존하거나 서로 해친다는 것으로 말한 것입니다. 예컨대 사단의 정은 이가 발하여 기가 따르니 본래 순선(純善)하여 악이 없습니다. 반드시 이의 발함이 온전하게 이루어지기 전에 기에 가려진 뒤에 유실되어 선하지 않음이 없습니다. 만일 기가 발하는 것이 절도에 맞지 못하여 이를 멸하게 되면 방탕해져 악이 됩니다. 이렇기 때문에 정자는 "성을 논하면서 기를 논하지 않으면 다 갖추어지지 못하고, 기를 논하면서 성을 논하지 않으면 밝지 못하다. 둘로 나누면 옳지 않다."[論性不論氣, 不備, 論氣不論性, 不明, 二之則不是][181]라고 말하였습니다. 그러나 맹자·자사가 이(理)만 가리켜 말한 것은 다 갖추어지지 못한 것이 아닙니다. 기를 함께 말하면 성의 본래 선함을 드러낼 수 없기 때문에 그렇게 말하였을 뿐입니다. 이것이 중도의 뜻입니다. 요컨대 이기를 겸하고 성정을 통회한 것은 마음이요, 성이 발하여 정이 되는 그 경계는 바로 마음의 기미(幾微)

성이니, 타고난 그대로를 말한다.[生之謂性, 性卽氣, 生之謂也]
179 장횡거의 『정몽』 「성명」에 나온다.
180 『주자어류』 권4, 45절에 나온다. "천지의 성을 논할 때는 이만 가리켜 말하며, 기질의 성을 논할 때는 이와 기를 섞어서 말한다. 기가 없을 때에도 이미 성은 있으니, 성은 도리어 항상 있다. 비록 기 가운데 있더라도, 기는 스스로 기이며 성은 스스로 성이어서 서로 섞이지 않는다."[論天地之性, 則天地理言, 論氣質之性, 則理與氣雜而言之, 未有此氣, 已有此性, 氣有不存, 而性卻常在, 雖其方在氣中, 然氣自是氣, 性自是性, 亦不相來雜]
181 『하남정씨유서』 권6에 나온다.

요, 만화(萬化)의 지도리로서 선과 악이 여기에서부터 갈라집니다. 학자는 진실로 한결같이 경(敬)을 견지하여 이(理)와 욕(欲)에 어둡지 않고, 더욱 이 마음을 삼가 미발인 때에 존양(存養)의 공부를 깊이하고, 이발인 때에 성찰(省察)을 익숙하게 하여 진리를 쌓고 오래도록 힘쓰면, 이른바 '정밀하게 살피고 한결같이 지켜 중용을 잡는'[精一執中][182] 성학과 '체를 보존하여 사물에 응하여 작용하는'[存體應用] 심법(心法)[183]을 밖에서 구할 필요 없이 여기에서 모두 얻을 수 있을 것입니다.

182 『상서』「대우모」에 나오는 "오직 정밀하게 살피고 한결같이 지켜, 중용을 진실되게 잡으라."[惟精惟一, 允執厥中]를 줄인 말이다. 퇴계는 이 구절을 성학이라고 생각하였다. '정밀하게 살피는 것'은 선을 선택하는 공부로서 인식공부라고 보았으며, '한결같이 지키는 것'은 선을 굳게 지키는 공부로서 실천공부라고 보았다. 인식공부와 실천공부를 함께 꾸준히 노력하면 중용을 실천할 수 있게 된다고 생각하였다.

183 퇴계는 유학의 공부 방법에 대해 인식과 실천을 통하여 중용을 실현하는 성학과 마음의 체용에 바탕하여 체를 보존하고 용을 바르게 실현함을 통하여 온전한 삶을 실현하는 심법이라는 두 가지로 설명하였다. 역자의 『이퇴계 학문론의 체용적 구조에 관한 연구』 제3장을 참조.

7

인설도

仁
說
圖

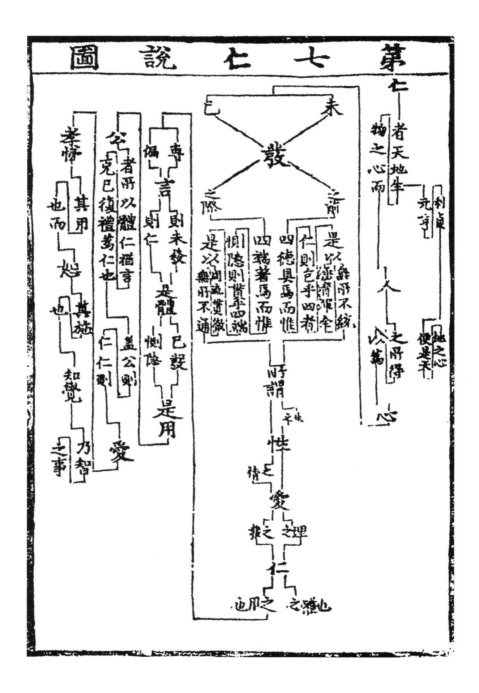

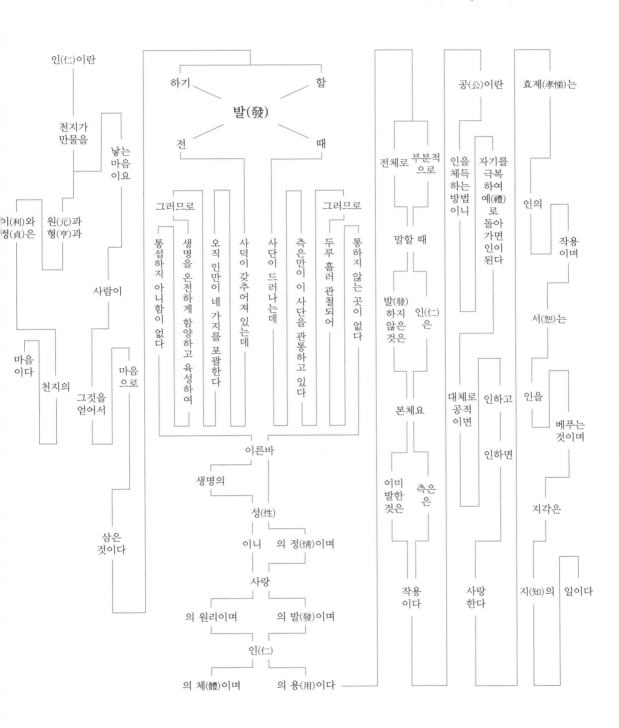

「인설」(仁說)[184]

주자가 말하였습니다.

"인(仁)은 천지가 만물을 낳는 마음인데 사람이 그것을 얻어 마음이 되었다.

발하기 전에 사덕(四德)이 갖추어져 있는데 오직 인(仁)은 네 가지를 다 포괄한다. 그러므로 생명을 온전하게 함양하고 육성하여 통섭(統攝)하지 아니함이 없다. 이른바 생명의 본성, 사랑의 원리, 인의 본체[體]이다.

발할 때는 사단이 드러나는데 오직 측은(惻隱)은 사단을 관통하고 있다. 그러므로 두루 흘러 관철(貫徹)하여 통하지 않는 것이 없다. 이른바 성(性)의 정(情), 사랑의 발현, 인의 작용이다.

전문적으로 말하면 발하지 않은 것은 본체요, 이미 발한 것은 작용이다. 부분적으로 말하면 인은 본체요 측은은 작용이다.

공(公)이란 것은 인을 체득하는 방법이니 '자기를 극복하여 예(禮)로 돌아가면 인이 된다'[克己復禮爲仁][185]고 말하는 것과 같다. 대체로 공적이면 어질게 되고, 어질게 되면 사랑하게 된다. 효제(孝悌)는 인의 작용이

---

184 『성학십도』의 「인설」(仁說)은 주자의 「인설도」(仁說圖)의 원문과 주자의 「인설」을 합친 것이다. 「인설도」는 『주자어류』 105권에 나오고, 「인설」은 『주자대전』 67권 「잡저」(雜著)에 나온다. 『성리대전』 권35에는 주자의 「인설도」와 「인설」이 다 실려 있다. 퇴계가 처음 올린 『성학십도』에는 「십학도」가 「인설도」의 앞에 있었다. 지금의 순서로 바뀐 이유가 퇴계와 율곡이 주고받은 편지에 나온다.

185 『논어』 「안연」(顏淵) 1장에 나온다.

고, 서(恕)는 인을 베푸는 것이며, 지각(知覺)은 지(知)의 일이다."[186]

또 말하였습니다.

"천지의 마음에는 그 덕이 네 가지 있으니 원·형·이·정인데, 원은 통하지 않는 곳이 없다. 그것이 운행하면 봄·여름·가을·겨울의 차례가 되는데, 봄의 생동하는 기가 통하지 않는 것이 없다.

그러므로 사람의 마음에도 덕이 네 가지 있으니 바로 인·의·예·지인데, 인은 포괄하지 않는 곳이 없다. 그것이 발하여 사랑[愛]·공경[恭]·마땅함[宜]·구별[別]의 정(情)이 되는데, 측은히 여기는 마음은 관통되지 않는 곳이 없다.

대개 인의 도는 천지가 만물을 낳는 마음으로 바로 만물에 갖추어져 있다. 정이 발하기 전에 이 본체가 이미 갖추어 있고, 정이 이미 발하면 그 작용이 다함이 없다. 진실로 이것을 체득하여 보존하면 모든 선의 원천과 백 가지 행위의 근본이 다 여기에 있지 아니함이 없다.

이것이 유학의 가르침에서 반드시 학자로 하여금 인을 구함에 급급하게 하는 까닭이다.

'자기를 극복하여 예로 돌아가면 인이 된다'는 공자의 말씀은 자기의 사욕을 극복하고 천리에 돌아가면, 이 마음의 본체가 보존되지 않음이 없고 이 마음의 작용이 실행되지 아니함이 없음을 말한 것이다.

'가만히 있을 때는 공손한 태도를 취하고, 일을 할 때는 공경스러운 마음으로 하며, 남과 관계를 맺을 때는 충심으로 해야 한다.'[居處恭, 執

---

186 「인설도」의 원문은 "지각은 지의 일이다."까지이다. 이하는 「인설」이다.

事敬, 與人忠][187]는 말도 이 마음을 보존하는 것이다.

또 '효도로 어버이를 섬기고 공손하게 형을 섬기며'[事親孝, 事兄悌],[188] '서(恕)로써 남과 관계를 맺는다'[及物恕][189]는 것은 이 마음을 실천하는 것이다.

이 마음은 어떠한 마음인가? 천지에게 있으면 한없이 넓은 만물을 낳는 마음이요, 사람에게 있으면 남을 사랑하고 이롭게 하는 따뜻한 마음으로 사덕을 포괄하고 사단에 관통하는 것이다."

어떤 사람이 물었습니다.

"그대의 말과 같다면 정자가 말한 '사랑은 정이고, 인은 성이니 사랑을 인이라고 말할 수 없다'[190]는 것은 틀린 말인가?"

주자가 말했습니다.

"그렇지 않다. 정자가 말할 수 없다고 한 것은 '사랑의 발현을 인이라고 이름하는 것'이다. 내가 논하는 것은 '사랑의 원리를 인이라고 이름하는 것'이다. 대개 성과 정이 나뉜 영역은 다르지만 맥락이 통하여 각각 서로 연결됨이 있으니, 어찌 딱 떨어져 서로 관계를 맺지 않을 수 있으리오. 나는 학자들이 정자의 말을 외우기는 하면서도 뜻을 추구하지 않아서, 드디어 사랑을 완전히 떠나서 인을 말하는데 이르는 것을 염려한다. 그러므로 특별히 이렇게 논해서 정자가 남긴 뜻을 밝힌다. 그대가 정자의 설과 다르다고 생각하는 것은 잘못이 아니겠는가."

---

187 『논어』「자로」(子路) 19장에 나온다.

188 『효경』 14장에 나온다.

189 『이정전서』(二程全書)「유서」(遺書) 권24에 나온다.

190 『이정전서』「유서」 18권에 나온다.

어떤 사람이 물었습니다.

"정자의 제자 가운데 만물이 나와 하나 됨을 인의 본체라고 하는 자도 있고, 마음에 지각이 있는 것으로 인이라는 명칭을 해석하는 사람도 있는데, 이것은 모두 잘못된 것인가?"

주자가 말했습니다.

"만물과 내가 하나 됨이 인이라고 생각하는 사람은 인이란 '사랑하지 않는 것이 없게 되는 것'이라는 사실은 이해할 수 있지만, 그것이 인의 마음의 본체가 되는 참모습은 아니다. 마음에 지각이 있는 것을 인이라고 생각하는 사람은 인이 지(智)를 포괄한다는 것을 이해할 수는 있지만, 그것이 인이라는 명칭을 얻게 되는 실제 이유는 아니다.

자공이 공자에게 '널리 베풀어 많은 사람들을 구제하면 인이라고 할 수 있습니까?'[191] 하고 물었을 때 공자가 대답했던 말과 정자가 '지각[覺]을 인이라고 할 수는 없다'[192]라고 한 말을 보면 알 수 있다. 그대가 어찌 이것으로 인을 논할 수 있겠는가!"

---

191 널리 베풀어 백성을 구제하는 것은 이대한 정치가가 할 수 있는 것이다. 그러나 인은 누구나 마음만 먹으면 할 수 있는 것이다. 그래서 공자는 "인자는 자기가 서고 싶으면 남을 세워주고 자기가 도달하고 싶으면 남을 도달하게 한다. 가까운 일에서 비유를 취할 수 있다면 그것이 곧 인의 방법이라고 말할 수 있다."고 대답하였다.

192 『이정전서』 「유서」 27권 28절에 나온다. "의는 마땅함이라고 하고, 에는 구별이라고 하고, 지는 앎이라고 하는데 인은 무엇이라고 풀이해야 하겠는가? 어떤 사람은 지각[覺]이라고 하고 어떤 사람은 사람이라고 하는데 모두 옳지 않다."[義訓宜, 禮訓別, 智訓知, 仁當何訓? 說考謂 訓覺訓人, 皆非也]

퇴계의 설명

○ 위의 「인설」(人說)은 주자가 짓고 스스로 그림을 만든 것인데 인도 (仁道)를 남김없이 밝혔습니다. 『대학』에 이르기를 "임금이 되어서는 안 에 머무른다."[爲人君, 止於仁][193]고 하였으니, 이제 옛 제왕들의 마음을 전하고 인을 체득한 묘법(妙法)을 구하려 한다면 어찌 여기에 뜻을 다하 지 않을 수 있겠습니까?

---

[193] 『대학』 「전」(傳) 3장에 나온다.

8

심학도

心學圖

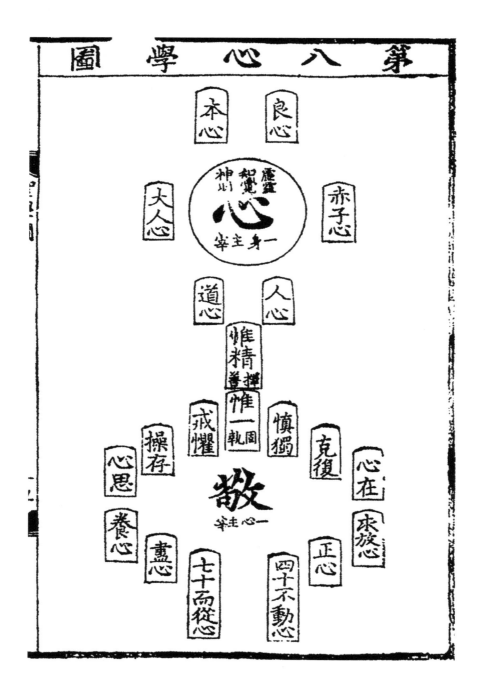

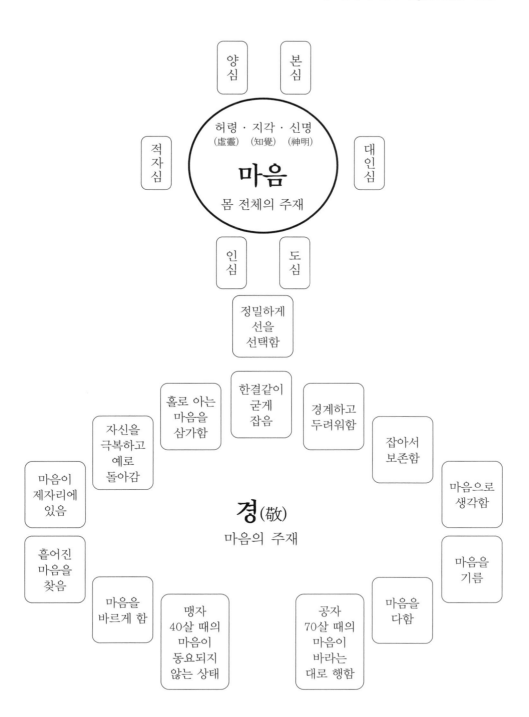

「심학도설」(心學圖說)[194]

임은정씨(林隱程氏)가 말하였습니다.

"적자심(赤子心)[195]은 욕심이 어지럽히지 않은 양심이며, 인심(人心)은 욕망에서 깨친 마음이며, 대인심(大人心)은 의리가 모두 갖추어진 본심이며, 도심(道心)은 의리에서 깨친 마음이다.

이것은 두 가지 마음이 있는 것이 아니다. 실은 형기(形氣)에서 발생하면 인심이 없을 수 없고, 성명(性命)에 근원하면 도심이 되기 때문이다.

'정밀하게 살펴 한결같이 지킴'[精一], '선을 택하여 굳게 잡음'[擇執][196] 이하는 인욕을 막고 천리를 보존하는[197] 공부가 아닌 것이 없다. '홀로 아

----

194 이 도와 도설은 정복심이 지은 것이다. 『성학십도』 가운데서 정복심이 만든 도가 세 개이고 도설이 두 개인데, 전체의 사분의 일을 차지한다. 퇴계는 평생 은거하였던 정복심을 존경하였고, 또한 정복심이 지은 『사서장도』(四書章圖)에서 상당히 큰 영향을 받았다. 「심학도」「심학도설」은 황돈(篁墩) 정민정(程敏政, 1445~1499)이 지은 『심경부주』의 제1장 앞에 실려 있다. 퇴계는 『심경』을 신명(神明)처럼 우러러 보았다. 퇴계는 정민정의 『심경부주』에 잘못된 점이 많다고 비판하는 학자들을 위하여 「심경후론」을 지어 해명함으로써 『심경부주』가 한국유학자에서 가장 중요한 고전이 되게 하였다. 또 율곡 이이가 「심학도」를 비판하자 「심학도」에 잘못이 있는 것이 아니라고 곡진하게 해명하였다. 퇴계가 『심경부주』와 「심학도」를 옹호한 것은 이후 한국유학사에서 '심'의 중요성을 강조하게되는 중요한 계기가 되었다.

195 『맹자』「이루하」 12장에 "대인이란 적자의 마음을 잃지 않는 사람이다."[大人者, 不失其赤子之心者也]라고 나온다.

196 『중용』 20장의 '선을 가려 굳게 잡음'[擇善而固執]을 줄인 말이다.

197 '인욕을 막고 천리는 보존하는' 공부는 성리학 수양론의 커다란 축이다. 천리와 인욕의 관계에 대한 이해는 유학자들 사이에 일정하지 않다. 성리학의 경우 대립적 측면이 강조

는 마음을 삼감'[愼獨] 이하는 인욕을 막는 공부이니, 반드시 '마음이 움직이지 아니함'[不動心][198]에 이르러야 '부귀가 어지럽히지 못하고 빈천이 옮기지 못하며 위무(威武)가 굴복시키지 못하게 되어'[199] 그 도가 밝아지고 덕이 확립됨[200]을 볼 수 있게 된다.

'경계하고 두려워함'[戒懼] 이하는 천리를 보존하는 공부이니, 반드시 '마음이 바라는 대로 행함'[從心][201]에 이르러야 마음이 곧 본체요 바라는 것[欲]이 곧 작용이며, 본체가 곧 도요 작용이 곧 의(義)이며, 말소리가 음률이 되고 몸이 법도가 되어, '생각하지 않고도 얻고 힘쓰지 않아도 들어맞게 됨'[202]을 볼 수 있게 된다.

요컨대 공부하는 요령은 경(敬) 하나에서 떠나지 않는다. 대개 '마음은 몸의 주재(主宰)이며'[203] '경은 또 마음의 주재이다.'[204] 배우는 자들이 '주

된 것이 사실이며, 이러한 경향은 금욕적 수양론의 강화와 의식주를 기초로 삼아 삶을 영위하는 현실적 문제 해결의 약화를 초래하였다. '인욕을 막고' 대신 '인욕을 극복함'[克人欲] '일욕을 멸함'[滅人欲] '인욕을 제거함'[去人欲] 등의 표현을 사용하기도 하지만 의미는 비슷하다. 유학에서의 수양의 문제가 천리의 확충과 인욕의 조절 문제라는 것은 부정할 수 없다.

198 맹자는 40살에 마음이 동요하지 않게 되었다고 한다. 「호연지기장」이라고 불리는『맹자』「공손추상」2장에 자세하다.

199 「대장부장」으로 알려진『맹자』「등문공하」2장에 나온다.

200 「호연지기장」에 대한 주희의 주석에 "40살에는 강성하여져서 벼슬하니, 군자의 도가 밝아지고 덕이 확립되는 때이다. 공자는 40살에 미혹되지 않게 되었다."[四十彊仕. 君子道明德立之時也. 孔子四十而不惑]라고 나온다.

201 『논어』「위정」4장의 "70살에는 마음이 바라는 대로 따라서 행하여도 법도를 넘지 않았다."[七十而從心所欲矩]에서 따왔다.

202 『중용』20장에는 "힘쓰지 않아도 중도에 맞고, 생각하지 않아도 도를 얻는다."[不勉而中, 不思而得]라고 나온다.

203 『주자어류』권5, 권8 등에 나온다.

일무적'[205]의 설과 '정제엄숙'[206]의 설, '그 마음을 수렴한다'[207]는 설과 '항상 깨어있게 한다'[208]는 설에 대하여 익숙히 궁구해 보면 그 공부가 절로 다하여 성인의 경지에 들어감도 어렵지 않을 것이다."

퇴계의 설명

○「심학도」는 임은정씨가 성현이 심학을 논한 명언을 모아서 만든 것입니다. 용어들을 분류하여 대치시켰는데, 이렇게 많이 모아놓은 까닭은 성현의 심법이 하나의 단서가 아니어서 모두 힘쓰지 않으면 안 된다는 것을 보여주기 위한 것입니다. 위로부터 아래로 배열한 것은 다만 깊고 얕음과 생소하고 익숙한 점을 들어 대강 말해 이러한 것이 있다는 것이지, 공부의 과정과 절차에 치지·성의·정심·수신처럼 선후가 있다는 것은 아닙니다. 어떤 사람[209]은 의심하기를, 대강 말한 것이라면 '흩어진 마음을 찾는다는 것'[求放心][210]은 공부를 시작할 때의 일이니만큼 '마음이

---

204 주희의 『대학혹문』에 나온다.

205 『이정유서』 권15, "일이란 다른 것이 없다. 정제엄숙하기만 하면 마음이 곧 하나로 된다. 마음이 하나로 되면 저절로 잘못되고 편벽된 잘못된 생각이 없어진다. 이러한 뜻을 오래도록 함양하면 천리가 자연스럽게 밝아진다.[一者無他. 只是整齊嚴肅則心便一. 一則自是無非僻之奸, 此意但涵養久, 則天理自然明]" 『이정수언』에는 "主一之謂敬, 無適之謂一"로 나온다. 정이(程頤)의 말이다.

206 『이정유서』 권15에 나온다.

207 『이정외서』 권12에 나온다. 기관(祁寬)이 기록한 윤화정(尹和靖), 이름은 돈(焞)의 말이다.

208 『상채어록』(上蔡語錄) 권2에 나온다.

209 여기서 어떤 사람이란 율곡 이이를 가리킨다. 퇴계가 율곡에게 답한 글은 『퇴계전서』1, 권14, 「답이숙헌」(答李叔獻)에 자세하다.

그곳에 있다'[心在]²¹¹는 거 뒤에 놓일 것이 아니라고 합니다. 신은 생각하옵기를, '흩어진 마음을 찾는다는 것'[求放心]은 얕게 말하면 물론 제일 먼저 착수 입각해야 할 곳이지만, 그 깊은 경지에 나아가 지극하게 말한다면 순식간에 한 생각이 잘못되는 것도 역시 '마음이 흩어지는 것'[放心]이 되는 것입니다. 안연도 "석 달 뒤에는 인을 어기지 않을 수 없었다."²¹²라고 하니, 어기지 않을 수 없었다는 것은 곧 방심의 상태에 들어섰다는 것입니다. 다만 인연은 잘못이 있자 금방 이것을 알아차리고 알면 곧 다시는 싹트지 않게 하였으니, 이것도 '흩어진 마음을 찾는다는 것'[求放心]의 한 종류일 것입니다. 그러므로 정씨의 그림이 이렇게 차례지운 것입니다. 정씨의 자는 자견(子見)이며 신안(新安) 사람인데, 은거하여 벼슬하지 않았고 의로움을 행하는 것이 매우 갖추어졌습니다. 늙도록 경서를 궁구하여 얻음이 깊었고 『사서장도』(四書章圖) 세 권을 저술하였습니다. 원(元, 1206~1368)의 인종조(仁宗朝, 1312~1320)에 천거를 통해 소명으로 불러서 등용시키려고 하였으나 자견이 원하지 않았습니다. 그래서 곧 향군박사(鄕郡博士)를 시켰더니 벼슬을 그만두고 고향으로 돌아갔습니다. 그 사람됨이 이러하오니 어찌 소견이 없이 함부로 그림을 지었겠습니까?

---

210 『맹자』「고자상」11장에 "학문의 도에는 다른 것이 없다. 흩어진 마음을 찾아야할 따름이다."[學問之道無他, 求其放心而已矣]라고 나온다.

211 『대학』「전」7장에 "마음이 그곳에 있지 않으면 보아도 보이지 않고, 들어도 들리지 않고, 먹어도 그 맛을 알지 못한다."[心不在焉, 視而不見, 聽而不聞, 食而不知其味]라고 나온다.

212 『논어』「옹야」7장에는 "안회는 석 달 동안 인을 어기지 않았다."[回也, 其心三月不違仁]고 나온다. 학자들은 이 구절을 두고 안회의 수양은 조금만 진척되면 인과 하나가 되어 성인이 될 수 있다고 하였다. 그러나 아직 성인이 아닌 이상 석 달에 한 번 정도는 인을 벗어나는 상태에 도달한다는 것이다.

9
경재잠도

敬
齋
箴
圖

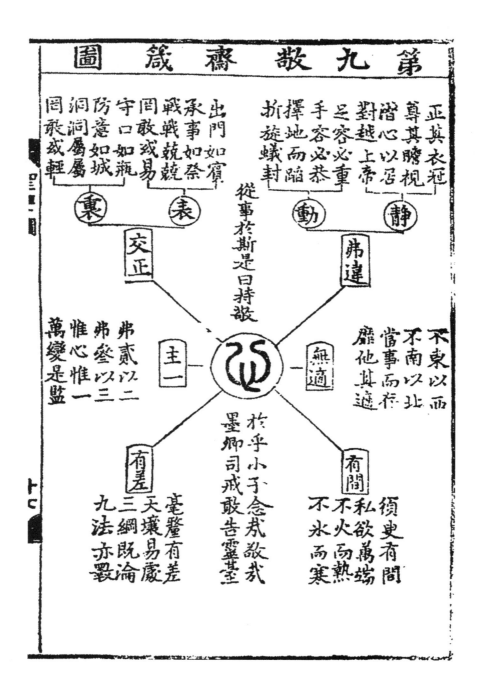

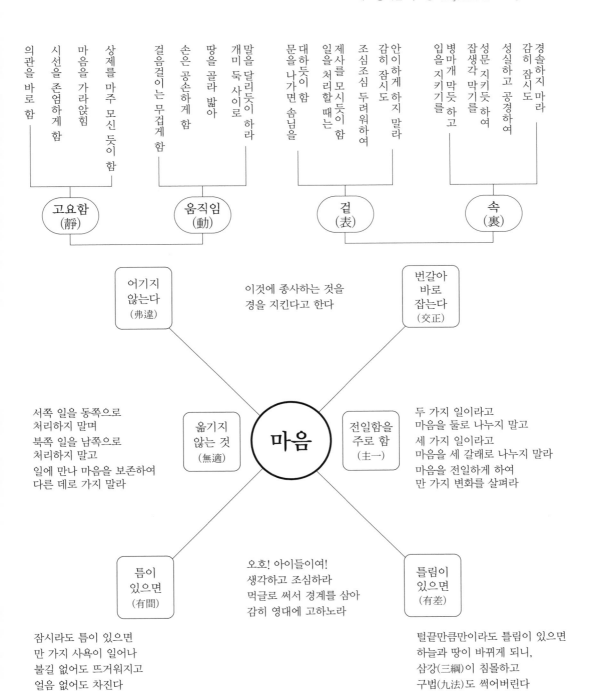

의관을 바로 함

시선을 존엄하게 함

마음을 가라앉힘

상제를 마주 모신 듯이 함

걸음걸이는 무겁게 함

손은 공손하게 함

땅을 골라 밟아 개미 둑 사이로

말을 달리듯이 하라

문을 나가면 손님을

대하듯이 함

제사를 모시듯이 함

일을 처리할 때는

조심조심 두려워하여

안이 하게 하지 말라

감히 잠시도

입을 지키기를

병마개 막듯이 하고

잡생각 막기를

성문 지키듯 하여

성실하고 공경하여

감히 잠시도

경솔하지 마라

고요함 (靜)

움직임 (動)

겉 (表)

속 (裏)

어기지 않는다 (弗違)

이것에 종사하는 것을 경을 지킨다고 한다

번갈아 바로 잡는다 (交正)

서쪽 일을 동쪽으로 처리하지 말며
북쪽 일을 남쪽으로 처리하지 말고
일에 만나 마음을 보존하여
다른 데로 가지 말라

옮기지 않는 것 (無適)

마음

전일함을 주로 함 (主一)

두 가지 일이라고
마음을 둘로 나누지 말고
세 가지 일이라고
마음을 세 갈래로 나누지 말라
마음을 전일하게 하여
만 가지 변화를 살펴라

틈이 있으면 (有間)

오호! 아이들이여!
생각하고 조심하라
먹글로 써서 경계를 삼아
감히 영대에 고하노라

틀림이 있으면 (有差)

잠시라도 틈이 있으면
만 가지 사욕이 일어나
불길 없어도 뜨거워지고
얼음 없어도 차진다

털끝만큼만이라도 틀림이 있으면
하늘과 땅이 바뀌게 되니,
삼강(三綱)이 침몰하고
구법(九法)도 썩어버린다

「경재잠」(敬齋箴)²¹³

의관을 바르게 하고 시선을 존엄하게 하고, 마음을 가라앉혀 상제(上帝)를 마주 모신 듯이 하라.(1)²¹⁴

걸음걸이는 무겁게 하고 손은 공손하게 하며, 땅을 골라 밟는 것이 개미 둑 사이로 말을 달리듯이 하라.(2)

문을 나가면 손님을 대하듯이 하고, 일을 처리할 때는 제사를 모시듯이 하며,²¹⁵ 조심조심 두려워하여²¹⁶ 감히 잠시도 안이하게 하지 말라.(3)

---

213 정자·주자 이래로 경은 학문의 시작과 끝을 이룬다고 하여 성리학의 가장 중요한 개념이 되었다. 주자는 본당(本堂)의 양쪽에 있는 조그만 방에서 조용하게 앉아 독서를 즐겼다. 그는 왼쪽 방을 경재(敬齋)라고 부르고, 오른쪽 방을 의재(義齋)라고 불렀다.(『심경부주』 제5조 「곤괘」 제2효의 부주에 나옴) 이 잠은 주자가 지어 자신의 경재에 붙여두고 스스로 경계한 글이다. 퇴계는 경의 철학적 의미를 체계화시키고 심화시켜, 『성학십도』는 전체가 경을 위주로 이해되어야 한다고 하였으며, 각 도마다 경에 대한 언급이 없는 곳이 없다. 「소학도」·「대학도」의 설명에서는 『혹문』을 인용하여 경의 중요성을 강조하였다. 이 잠은 주자가 지은 것이며, 도는 왕백이 그린 것이다. 이 잠은 『어찬주자전서』 권66, 『성리대전』 70권, 『심경부주』의 끝부분에도 실려 있다. 성리학에서 경이 얼마나 중요한 개념인가를 알 수 있다. 퇴계는 "『성리대전』의 「태극도」는 내가 학문을 하게 된 출발점이며, 「경재잠」은 나의 실천의 기반이다."[性理大全中太極圖, 乃吾所啓發入頭處, 敬齋箴 乃吾收用之地]『퇴계전서』 4, 「언행록」라고 말하였다.

214 잠 전체가 네 구절씩 10장으로 이루어져 있으므로, 각 장의 뒤에 번호를 붙여 이해하기 쉽게 하였다. 각 장 마다 제2구와 제4구에는 운이 있어 읽고 외우기에 편하다.

215 『논어』 「안연」 2장에 "집을 나가서는 큰 손님을 맞이하듯이 행동하고, 백성을 부릴 때는 큰 제사를 모시듯이 하라."[出門如見大賓, 使民如承大祭]고 나온다.

216 『시경』 「대아」 「절남산」 「소민」 시에 "조심하고 두려워하여 깊은 못에 임하듯이, 얇은 얼음을 밟듯이 한다."[戰戰兢兢, 如臨深淵, 如履薄氷]

입을 지키기를 병마개 막듯 하고 잡생각 막기를 성문 지키듯 하며, 성실하고 공경[217]하여 감히 잠시도 경솔하게 하지 말라.(4)

마음을 동쪽을 갔다 서쪽으로 갔다 하지 말고, 남쪽으로 갔다 북쪽으로 갔다 하지 말며, 일을 만나 마음을 보존하여 다른 데로 가게 하지 말라.(5)

두 가지 일이라고 마음을 둘로 나누지 말고, 세 가지 일이라고 마음을 세 갈래로 나누지 말며, 마음을 전일하게 하여 만 가지 변화를 살펴라.(6)

이것에 종사함을 경(敬)을 지킨다고 하니, 움직일 때나 고요히 있을 때나 어기지 말고, 밖이나 안이나 번갈아 바르게 하라.(7)

잠시라도 틈이 나면 만 가지 사욕이 일어나, 불길 없이도 뜨거워지고 얼음 없이도 차가워진다.(8)[218]

털끝만큼이라도 틀림이 있으면 하늘과 땅이 바뀌게 되니, 삼강(三綱)[219]이 침몰하고, 구법(九法)[220]도 썩어버린다.(9)

---

217 『예기』「제의」(祭義)에 "부모를 깊게 사랑하는 효자는 반드시 온화한 기색이 있고, 온화한 기색이 있는 자는 반드시 기쁜 낯빛이 있으며, 기쁜 낯빛이 있는 자는 반드시 완곡한 용모가 있다. 효자는 옥을 받들 듯이 가득찬 물그릇을 들듯이 성실하고 공경하여, 장차 감당하지 못할 듯 장차 놓칠까 걱정하듯이 한다."[孝子之有深愛者, 必有和氣, 有和氣者, 必有愉色, 有愉色者, 必有婉容. 孝子如執玉, 如奉盈, 洞洞屬屬然如不勝, 如將失之]라고 나온다.

218 열화(熱火)처럼 화를 내기도 하고, 얼음처럼 냉정하게 되기도 한다는 말이다.

219 임금은 신하의 벼리가 되고[君爲臣綱], 아버지는 아들의 벼리가 되고[父爲子綱], 남편은 부인의 벼리[夫爲婦綱]가 된다는 삼강은 힘이 지배하던 시대에는 윗사람의 아랫사람에 대한 지배의 논리로 역할을 하였지만, 도덕의 논리로 보면 윗사람의 책임과 역할을 강조하는 논리로서 자연스러운 질서의 기초가 된다고 볼 수 있다.

220 『서경』「주서」(周書) 「홍범」에 실려 있는 「홍범구주」(洪範九疇)를 가리킨다. 우(禹)가

오호! 아이들이여! 생각하고 조심하라! 먹글로 써서[221] 경계를 삼아 감히 영대(靈臺)[222]에 고하노라.(10)

선유의 설을 인용하여 설명함

○ 주자가 말하였습니다.[223]

"둥글게 도는 동작이 컴퍼스에 맞는다는 것은 회전할 때 둥근 모양[員]이 컴퍼스에 맞는 것처럼 되길 바란다는 것이고, 꺾어 도는 동작이 직각자에 맞는다는 것은 꺾어 돌 때 그 각도가 직각자에 맞는 것처럼 되길 바란다는 것이다. 의봉(蟻封)이란 개미 둑이다. 옛말에 '말을 타고 개미둑 사이에서 법도에 맞게 달린다.'고 하였는데, 그것은 개미 둑 사이의 길이 꼬부라지고 좁아서, 말을 타고 그 사이를 꼬불꼬불 달려가면서도 말달리는 절도를 잃지 않는다는 것이 어려운 일임을 말한 것이다."

홍수를 다스리자 하늘이 「낙서」(洛書)를 주었다고 한다. 그 법을 본받아서 정치의 법도로 만든 것이 「홍범구주」라고 한다. 주(周)를 통일한 무왕이 기자를 방문하자 이 「홍범」을 주었다고 한다. 첫째는 오행(五行), 둘째는 오사(五事)를 공경스럽게 실행하는 것, 셋째는 후하게 팔정(八政)을 시행하는 것, 넷째는 오기(五紀)를 조화롭게 시행하는 것, 다섯째는 황극(皇極)을 세우는 것, 여섯째는 삼덕(三德)으로 잘 다스리는 것, 일곱째는 의심스러운 일을 분명하게 밝힐 것, 여덟째는 여러 가지 징조를 잘 생각할 것, 아홉째는 오복(五福)으로 따르게 하고, 육극(六極)으로 위엄을 떨치는 것이다. 구체적인 내용은 「홍범」을 참조하기 바란다.

221 원문은 '묵경'(墨卿)이다. 먹을 의인화하여 부르는 말이다.

222 마음을 가리킨다.

223 『주자어류』 105권, 「경재잠」에 나온다. 본문의 내용을 퇴계가 축약하였다. 「성학십도」 본문에는 다음 인용문과 연결되어 있지만 인용된 장이 다르기 때문에 번역문에서는 분리하였다.

"입 다물기를 병마개 막듯이 한다는 것은 말을 망령되게 함부로 하지 않는 것이고, 잡념 막기를 성을 지키듯 한다는 것은 사악한 생각이 일어남을 막는다는 것이다."[224]

또 말하였습니다. "경은 모름지기 하나를 주로 해야 한다. 본래 한 개의 일이 있던 데에 또 하나를 더하면 둘이 되고, 원래 한 개 있던 데에 두 개를 더하면 곧 세 개를 이룬다."[225]

"잠깐 사이란 때로 말한 것이고, 터럭 끝만큼의 차이란 일로 말한 것이다."[226]

○ 임천오씨(任川吳氏)[227]는 말하였습니다.

이 잠은 모두 10장으로 되었는데, 한 장은 4구씩이다. 첫째 장은 고요히 있을 때[靜] 어기지 않음을 말하였고, 둘째 장은 움직일 때[動] 어기지 않음을 말하였다. 셋째 장은 겉의 바름을, 넷째 장은 안의 바름을 말하였다. 다섯째 장은 마음이 바로잡혀 일에 통달될 것을 말하였다. 일곱째 장은 앞의 여섯 장을 총괄하였고, 여덟째 장은 마음이 흩어지는 병폐를 말하였으며, 아홉째 장은 일에 집중하지 못하는 병폐를 말하였다. 열째 장은 이 한 편을 총괄하여 매듭지었다.[228]

---

224 위와 같다.

225 위와 같다. 「성학십도」 원문에는 아래 인용문과 연결되어 있지만 출전 자체가 다르기 때문에 번역에서는 분리하였다.

226 『어찬주자전서』 권2에 나온다.

227 오징(吳澄, 1249~1333)은 임천(臨川) 사람으로, 호는 초려(草廬)이다. 퇴계는 초려의 학설에는 불교적 기미가 조금 있다고 비판하기도 하였다.

228 오징(吳澄), 『오문정집』(吳文正集) 권59에 나온다.

○ 서산진씨(西山眞氏)[229]는 말하였습니다.

경(敬)에 대한 뜻은 여기에서 더 이상 남김이 없게 되었다. 성학에 뜻을 둔 사람이라면 마땅히 이것을 잘 되풀이해야 할 것이다.[230]

퇴계의 설명

○ 「경재잠」 제목 아래에 주자가 스스로 진술하기를 "장경부(張敬夫)[231]의 「주일잠」(主一箴)[232]을 읽고 그 남은 뜻을 주워 모아 「경재잠」을 지어 재실(齋室)의 벽에 써 붙이고 스스로 경계한다."[233]라고 하였으며, 또 이르기를 "이것은 경의 조목으로서 여러 가지 처한 상황[地頭][234]이 있다."[235]

---

229 진덕수(眞德秀, 1178~1235)의 자는 경원(景元)이며, 호가 서산(西山)이다. 『심경』과 『대학연의』(大學衍義)를 저술하였다.

230 진덕수(眞德秀), 『대학연의』 권28에 나온다.

231 장식(張栻, 1133~1180)의 호는 남헌(南軒)이고, 자는 경부(敬夫) 또는 흠부(欽夫)라고 한다. 저서에 『남헌집』(南軒集)이 있다. 주자가 매우 존경하는 벗이다.

232 「주일잠」은 『남헌집』과 『성리대전』에 실려 있다. 『남헌집』에는 "이천 선생이 주일(主一)을 경(敬)이라고 하고, 무적(無適)을 일(一)이라고 말하였다. 아, 인(仁)을 찾는 방법 가운데서 어떤 것이 이것보다 더 요체가 되겠는가! 그래서 잠을 지어 좌우에 붙이고 또 동지들에게도 알린다."는 잠의 서문에 해당하는 글이 잠의 앞에 있다. 『성리대전』에는 이 글이 없다. 「주일잠」의 원문을 참고로 싣는다. 人稟天性, 其生也直. 克順厥彝, 則靡有忒./ 事物之感, 紛綸朝夕. 動而無節, 生道或息./ 惟學有要, 特敬勿失. 驗厥操捨, 乃知出入./ 曷爲其敬, 妙在主一, 曷爲其一, 惟以無適./居無越思, 思靡他及, 涵泳于中, 匪忘匪亟./ 欺須造次, 是保是積, 旣久而精, 乃會于極./勉哉勿倦. 聖賢可則.

233 『어찬주자전서』 권66의 「경재잠」 머리에 실려 있다.

234 유학은 일상생활 가운데서 지나치거나 모자람이 없는 지선한 삶을 추구하는 중용의 철학이다. 중용의 철학은 높고 먼 이상만을 추구하는 것이 아니라 자신이 처한 상황에서의 최선을 가장 중시한다. 그래서 중용은 쉬운 듯하면서도 가장 어렵다고 한다. 이 잠에서는 표리와 동정을 인간 삶의 대표적 상황으로 설정하고 있다.

라고 하였습니다. 신은 처한 상황이란 말이 실제 공부에 있어서 좋은 의거(依據)가 된다고 생각합니다. 금화(金華)의 왕로재백(王魯齋栢)[236]이 처한 상황을 배열하여 이 그림을 그리고 명백하고 짜임새가 있게 하여 다 낙착(落着)되는 바가 있도록 하였으니, 일상생활을 하면서 마음의 눈으로 체험·음미하고, 깨닫고 살펴서 얻음이 있어야 할 것입니다. 그렇게 되면 경이 성학의 시작과 끝이 된다는 말을 어찌 믿지 않겠습니까!

---

235 『주자어류』 권12에 나온다.

236 왕백(王柏, 1197~1274). 호는 노재(魯齋), 자는 회지(會之)이다. 처음의 호는 장소(長嘯)라 했다가 나이 삼십이 넘어서 『논어통지』(論語通旨)를 짓고 탄식하면서 장소는 성문(聖門)의 지경(持敬)하는 도리가 아니라고 말하고는 드디어 노재로 고쳤다. 주자의 문인과 종유(從遊)하였고, 시호(諡號)는 문헌(文憲)이다.

10

숙흥야매잠도

夙興夜寐箴圖

第十　夙興夜寐箴圖

晨興
本既立矣
昧爽乃興
盥櫛衣冠
端坐斂形
提掇此心
皦如出日
嚴肅整齊
虛明靜一

夙寐
雞鳴而寤
思慮漸馳
盍於其間
澹以整之
或省舊愆
或紬新得
次第條理
瞭然黙識

養以夜氣
貞則復元

敬

念茲在茲
日夕乾乾

讀書
乃啓方册
對越聖賢
夫子在坐
顏曾後先
聖師所言
親切敬聽
弟子問辨
及援來訂

應事
事至斯應
則驗于爲
明命赫然
常目在之
事應既已
我則如故
方寸湛然
凝神息慮

夕惕
日暮人倦
昏氣易乘
齋莊正齊
振拔精明
夜久斯寢
齊手斂足
不作思惟
心神歸宿

無夙夜

日乾
動靜循環
惟心是監
靜存動察
勿貳勿參
讀書之餘
間以游泳
發舒精神
休養情性

닭이 울 때 깨어나면
생각이 차츰 달리기 시작하니
어찌 그 사이에
마음을 고요히 하여 정돈하지 않을 수 있겠는가!
혹 지나간 허물을 살피고
혹 새로 얻은 것의 실마리를 찾으면
순서와 조리를
묵묵한 가운데 또렷하게 알게 될 것이다

근본이 이미 확립되거든
이른 새벽에 일어나
세수하고 머리 빗고 외관을 차리고
단정히 앉아 몸을 단속하여라
이 마음을 끌어모으면
떠오르는 태양처럼 환하고
몸을 엄숙하게 정돈하여 가지런하게 하면
마음이 텅비고 밝고 고요하여 전일하게 될 것이다

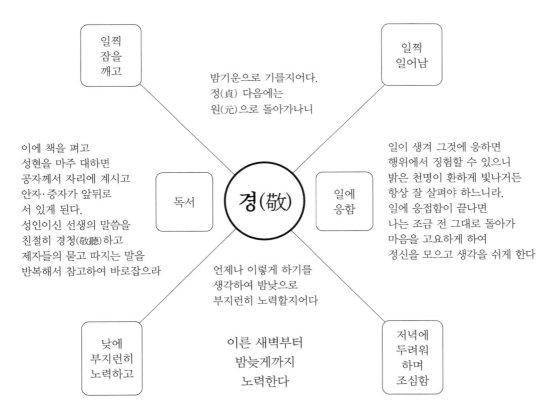

밤기운으로 기를지어다.
정(貞) 다음에는
원(元)으로 돌아가나니

일찍
잠을
깨고

일찍
일어남

이에 책을 펴고
성현을 마주 대하면
공자께서 자리에 계시고
안자·증자가 앞뒤로
서 있게 된다.
성인이신 선생의 말씀을
친절히 경청(敬聽)하고
제자들의 묻고 따지는 말을
반복해서 참고하여 바로잡으라

독서

경(敬)

일에
응함

일이 생겨 그것에 응하면
행위에서 징험할 수 있으니
밝은 천명이 환하게 빛나거든
항상 잘 살펴야 하느니라.
일에 응접함이 끝나면
나는 조금 전 그대로 돌아가
마음을 고요하게 하여
정신을 모으고 생각을 쉬게 한다

언제나 이렇게 하기를
생각하여 밤낮으로
부지런히 노력할지어다

낮에
부지런히
노력하고

이른 새벽부터
밤늦게까지
노력한다

저녁에
두려워
하며
조심함

움직임과 고요함이 순환할 때
마음을 살펴
고요할 때 보존하고 움직일 때 살피어
두 갈래 세 갈래로 나누지 말라.
독서하다가 쉬는 여가에 틈내어 노닐며
정신을 편안하게 하고
성정(性情)을 휴양할지어다

해가 저물어 고달프게 되면
흐린 기운이 이기기 쉬우니
재계하고 장중하게 가다듬어
정명(精明)한 정신을 북돋을지어다.
밤이 깊어 잠잘 때에는
손발을 가지런히 두어 생각을 일으키지 말고
심신(心神)을 잠들게 하라

「숙흥야매잠」(夙興夜寐箴)[237]

닭이 울 때 깨어나면 생각이 차츰 달리기 시작하니, 어찌 그 사이에 마음을 고요히 하여 생각을 정돈하지 않을 수 있겠는가!

혹 지나간 허물을 살피고 혹 새로 얻은 것의 실마리를 찾으면, 순서와 조리를 묵묵한 가운데 또렷하게 알게 될 것이다.

근본[마음]이 이미 확립되거든 이른 새벽에 일어나, 세수하고 머리 빗고 의관을 차리고 단정히 앉아 몸을 단속하여라.

이 마음을 수습하면 떠오르는 태양처럼 환하고, 몸을 엄숙하게 정돈하여 가지런하게 하면 마음이 텅 비고 밝고 고요하여 전일하게 될 것이다.

이에 책을 펴고 성현을 마주 대하면, 공자께서 자리에 계시고 안자(顔子)·증자(曾子)가 앞뒤로 서 있게 된다.

---

237 '숙흥야매'라는 말은 '일찍 일어나고 늦게 잠잔다'는 의미로 위(衛)나라 무공(武公)이 자신의 삶을 경계하기 위하여 95세에 지은 『시경』「대아」「억」(抑) 시에 처음 나온다. 「숙흥야매잠」은 이른 아침부터 늦은 밤에 이르기까지 일상생활에서 지켜야 할 삶의 자세를 설명하고 있다. 유학의 궁극적인 목표는 일상생활에서 지선(至善)을 실현하는 것이다. 지선한 삶의 원리는 인간성에 내재해 있다고 보기 때문에 인간성에 대한 성찰과 보존의 태도를 끊임없이 유지해야 한다. 그것이 곧 경이다. 유학의 존재론에서 시작하여 「소학도」·「대학도」에서 유학의 학문적 규모와 방법을 설명하고, 유학의 목표를 성취할 수 있는 심성론적 기초를 설명한 다음, 최후의 종착지는 바로 일상생활에서의 경이라고 한다. 앞의 도가 주로 처한 상황에 초점을 맞춘 것이라면 이 도는 시간적 상황에 초점을 맞춘 것이다. 모든 시간, 모든 상황에서 항상 경의 태도가 유지된다면 삶의 도인 지선은 온전하게 실현될 것이다. 노수신(盧守愼, 1515~1590)과 이잠의 주해에 대하여 논변한 편지가 두 통(『퇴계전서』 1, 「여노이제과회」, 「답노이제」) 남아있다. 이 잠은 남송(南宋)의 진백(陳伯, 자는 茂卿, 호는 南塘)이 지은 것이며, 도는 퇴계가 그린 것이다.

성인이신 선생의 말씀을 친절히 경청(敬聽)하고, 제자들의 묻고 따지는 말을 반복해서 참고하여 바로 잡아라.

일이 생겨 그것에 응하면 행위에서 징험할 수 있으니, 밝게 빛나는 하늘의 명을 마음의 눈으로 항상 잘 살펴야 한다.

일에 응접(應接)함이 끝나면 나는 조금 전 그대로 돌아가 마음을 고요하게 하여 정신을 모으고 생각을 쉬게 한다.

움직임과 고요함이 순환할 때 오직 마음으로 이를 살펴, 고요할 때 보존하고 움직일 때 살피어 두 갈래 세 갈래로 나누어지게 하지 말라.

독서하다가 쉬는 여가에 틈내어 노닐며, 정신을 편안하게 하고 성정(性情)을 휴양할지어다.

해가 저물어 고달프게 되면 흐린 기운이 이기기 쉬우니, 재계하고 장중하게 가다듬어 정명(精明)한 정신을 북돋을지어다.

밤이 깊어 잠잘 때에는 손발을 가지런히 거두어, 생각을 일으키지 말고 심신(心身)을 잠들게 하라.

밤기운[夜氣]으로 기를지어다. 정(貞) 다음에는 원(元)으로 돌아가나니,[238] 언제나 이렇게 하기를 생각하여[239] 밤낮으로 부지런히 노력할지어다.

---

238 『주역』에서는 자연의 도는 원(元)·형(亨)·이(利)·정(貞)의 순환이라고 한다. 하루를 여기에 대응시키면, 오전은 원, 오후는 형, 저녁은 이, 자정 이후는 정이 될 것이다. 그래서 자정 이후의 밤기운이 쌓여 원기가 다시 살아난다고 하였다.

239 『서경』「대우모」에 나오는 글이다. 우(禹)가 순(舜)에게 고요(皐陶)를 추천하며, "황제여, 생각할지어다. 오직 이 사람만을 생각할지어다."[帝念哉. 念玆在玆]

퇴계의 설명

○ 위의 잠은 남당(南塘)[240] 진무경(陳茂卿)[241]이 지어서 스스로 경계를 삼은 것입니다. 금화[242] 왕노재가 태주(台州)[243]의 상채서원(上蔡書院)에서 교수(敎授)를 맡아 볼 때 오로지 이 잠으로써 교재를 삼아 학자로 하여금 사람마다 외우고 실천하도록 하였습니다. 이제 삼가 노재의「경재잠도」(敬齋箴圖)를 모방하여 이 그림을 만들어 그의 그림과 상대되게 하였습니다. 대개「경재잠」에는 여러 가지 공부하는 공간적 상황이 있으므로 그 공간적 상황에 따라 배열하여 그림을 만들었습니다. 이 잠에는 여러 가지 공부하는 시간적 상황[時分]이 있으므로 그 시간적 상황에 따라 배열하여 그림을 만들었습니다. 대저 '도'는 일상생활을 하는 사이에 유행(流行)하여 어디를 가더라도 없는 곳이 없습니다. 그러므로 이(理)가 없는 곳이 없으니 어느 곳에선들 공부를 그만둘 수 있겠습니까? 또 잠깐 사이도 정지하지 않으므로 순식간도 이가 없는 때가 없으니 어느 때인들 공부하지 않을 수 있겠습니까? 그러므로 자사 선생이 가로되, "도는 잠시도 떠날 수 없다. 떠날 수 있으면 도가 아니다. 그러므로 군자는 보지 못하는 본성을 삼가고 듣지 못하는 본성을 두려워한다."[道也者, 不可須臾離也, 可離, 非道也, 是故君子戒愼乎其所不睹, 恐懼乎其所不聞][244]라고 하

---

240 중국 절강성(浙江省) 낙청시(樂淸市)에 남당진(南塘鎭)이 지금도 있다.

241 송대(宋代) 사람으로, 이름은 백(柏), 자는 무경(茂卿)이다. 명(明)의 송렴(宋濂)은 잠의 후기를 지어 잠의 내용과 진백의 덕을 칭찬하였다. 『문소각사고전서』(文瀟閣四庫全書) 권20에 나온다.

242 중국 절강성(浙江省)의 금화(金華)시.

243 중국 절강성(浙江省) 동남 해안의 도시.

였고, 또 이르기를 "은미한 기미에서 보다 더 잘 드러남이 없다. 그러므로 군자는 홀로 아는 마음의 기미를 삼간다."[莫見乎隱, 莫顯乎微, 故君子愼其獨也]²⁴⁵라고도 하였습니다. 이것은 한 번 움직이고 한 번 고요할 때에나, 어느 곳 어느 때에나 존양(存養)하고 성찰(省察)하여 번갈아 공부하는 방법입니다. 과연 이렇게 할 수 만 있다면 어떠한 상황에서나 털끝만한 잘못도 없을 것이요, 어느 시간적 상황에서나 잠시의 중단도 없을 것입니다. 두 가지로써 병진(並進)하면 성인이 되는 요령은 바로 여기에 있는 것입니다.

○ 이상 다섯 그림은 심성(心性)에 근원하고 있지만, 요점은 일상생활에서 힘을 써서 경외(敬畏)하는 마음을 높이는 것입니다.

---

244 『중용』 1장에 나온다.
245 『중용』 1장에 나온다.

논문

이퇴계의 『성학십도』 연구

이퇴계의 『성학십도』 연구[*]

1. 존재 이해의 서로 다른 두 시각

존재란 존재하는 모든 것을 의미한다.

주희(1130~1200)는 "천지 사이에 가득 찬 소리와 빛깔, 모양과 형상이 있는 모든 것이 물(物)이다."[1]라고 하였다. 주희가 말하는 물은 흔히 사물이라고 일컬어지며, 대체로 개별자를 의미하며, 서양철학의 존재자라는 개념에 상응한다. 여기서 필자가 논하고자 하는 존재도 주희가 말하는 물과 같은 개념이다. 그러나 이때의 존재는 개별자로서 존재하는 존재자뿐 아니라 그것의 총체인 자연 또는 우주까지도 포괄하는 개념이라고 할 수 있다. 서양철학에서 말하는 존재 개념은 너무나도 다양하여 한 가지 의미로 단정하기 힘들다. 서양철학의 존재개념이 '가장 추상적인 최고류 개념으로서의 존재'[2]라고 한다면, 적어도 그처럼 추상적 의미의 존재는

---

* 본 논문은 『태동고전연구』 제4집(한림대학교부설 태동고전연구소, 1988. 2)에 실린 글이다. 지금 보면 미진한 점이 많지만 언젠가 다시 쓰기로 기약하고 일단 거의 그대로 싣는다.
1 『대학혹문』에 나온다. "凡有聲色貌象, 而盈於天地之間者, 皆物也."

아님을 밝혀 둔다. 여기서 말하는 존재는 생성변화 과정에 있는 존재하는 모든 것을 가리킨다.

존재는 선이나 면으로 존재하지 아니하고 3차원 내지 4차원적으로 존재하기 때문에 모든 존재는 내면과 외면으로 이루어져 있다.

서양철학의 본질과 현상, 역(易)의 형이상과 형이하, 도(道)와 기(器) 등의 대비된 개념들은 존재를 양면성으로 이해하는 관점들이다. 존재를 양면성으로 이해하는 관점 자체가 이미 존재를 현상적으로만 바라보는 관점과 대립되는 관점이듯이 대부분의 존재에 관한 이론은 존재를 현상적으로만 이해하는 데 만족하지 못한다. 현상에 대한 연구라고 하더라도 현상을 보다 깊게 이해하려는 자세에는 현상을 현상이게끔 하는 존재 내면의 원리에 대한 관심이 함께 하고 있다.

서양철학사에는 관념적 사변철학에 입각한 다양한 존재론과 형이상학이 있었으나 사변철학은 존재를 실상대로 설명할 수 없었다. 이는 존재를 추상화하여 존재의 구체성을 상실함으로써 존재를 이해할 수 있는 기반인 존재와의 직접적인 관계를 스스로 끊어버렸기 때문이다. 관념적 사변철학으로서의 존재론과 형이상학은 경험론적 인식론에 입각한 자연과학이 발달하기 시작하면서 '존재 이해의 학문'으로서의 자격을 상실하게 되었다. 그러나 자연과학이 존재의 참된 모습을 해명해 줄 것이라고 믿는 사람은 드물다. 과학은 과학적 입장을 바탕으로 한 자연에 대한 연구로서, 이미 자연의 비밀 가운데서 많은 것을 밝혀주지만 과학적으로 인식된 것이 곧 자연의 참된 모습이라고 단정할 수는 없다. 과학의 발달

---

2   『철학의 제문제』(지학사, 1975), 201쪽, 「존재개념의 애매성」을 참조.

이 존재의 비밀을 온전하게 알려주어 인간과 자연 사이에 원만한 관계를 맺게 하리라는 기대보다는 과학의 발달이 인간의 삶과 존재 전체의 질서를 파괴해 버릴지도 모른다는 위기감이 증대되어 가는 것 또한 오늘날의 현실이다. 이는 자연을 물질적인 것이라고 단정하고 자연을 대상화시켜 분석하고 정복하여 이용하려는 과학적 태도에 기인한다.

　관념적 사변철학에 의해서는 물론이며, 과학에 의해서도 존재의 온전한 해명에 대한 자신을 상실한 서양의 과학자나 철학자들이 동양고전에 관심을 가지기 시작하는 것은 당연한 현상이다. 동양의 철인 현자가 지녔던 존재 이해의 방법이 아직 확연하게 밝혀지지 않았다. 그러나 서양인의 방법이 객관적, 논리적, 분석적인데 반하여 동양인의 방법이 주관적, 직관적, 종합적이라는 지적은 많이 있었다. 존재 이해의 방법이 이렇게 서로 다르다는 지적은 있었지만 근본적인 원인이 어디에 있는가는 잘 밝혀지지 않고 있다. 필자는 그 차이가 존재 이해의 시각이 다름에서 온다고 본다. 서양인은 존재를 객체화 시켜 외면으로부터 논리적으로 분석하기를 좋아한다. 동양인은 존재를 객체화하기를 좋아하지 않는다. 주체와 객체는 다 같이 유기적 관계를 맺고 있는 전체 자연의 부분이라고 보기 때문에 존재 이해의 시각은 내면의 주체로부터 시작된다. 주체의 온전한 이해를 통한 주관의 열림을 통하여 존재 세계를 존재의 내면으로부터 외면에 이르기까지 직관에 의해 종합적 통일적으로 바라보고자 한다. 좀 거칠게 말한다면 서양은 존재를 외면으로부터 이해하려는데 반하여 동양은 존재를 내면으로부터 이해하려고 한다. 물론 서양에 내면 지향적 사고가 없었다거나 동양에 존재를 외면으로부터 이해하는 과학적 사고가 없었다는 것은 아니다. 그 특수성을 대비시키면 이러하다는 것이다.

어떠한 시각이 옳고 우월한 지 보다는 두 시각의 장점이 모두 충분히 발휘되어 존재에 대한 원융한 이해가 이루어지기를 바랄 뿐이다. 동양은 존재의 내면으로부터 바깥으로 팔을 뻗치고 서양은 외면으로부터 내면으로 들어와 존재 이해의 통일을 통한 사상의 통일과 세계의 통일을 볼 수 있다면 더욱 좋을 것이다.

불교와 도교가 동양사상으로서 이러한 특징을 지닌 것은 대체로 인식되어 있으나 유학의 이러한 측면에 대한 이해는 미흡한 것이 사실이다. 필자가 이해하기에는 '자기 자신을 위한 학문'[爲己之學]³과 '일상적인 삶을 통하여 학문을 함으로써 위로 진리에 도달한다'[下學上達]⁴고 주장하는 유학이야말로 오히려 더욱 철저하게 존재의 내면에서 외부로 향한 동양철학적 전통 위에 서 있다고 보인다. 동아시아 문화권에서 유학사상이 천여 년 이상 동안 정치와 문화와 종교 전반에 걸쳐 주도적 역할을 할 수 있었던 것은 유학사상이 지닌 동양사상의 전형적인 성격 때문이라고 필자는 생각한다. 유학 중에서도 성리학은 이러한 입장에 더욱 투철하며, 본 연구의 주제인『성학십도』⁵는 성리학의 대표적 작품 내지는 성리학에서 가장 중시하는 작품을 뽑아 저술된 작은 책으로, 성리학 내지 유학의 존재 이해의 시각과 방법론을 아주 명료하게 보여준다. 불교나 도교가 현실과 거리를 유지하며 또는 현실에서 도피하면서 존재를 이해하

---

3 『논어』「헌문」 25장의 "옛날의 학자는 자기 자신을 위하여 학문을 하였고, 오늘날의 학자는 남에게 인정받기 위하여 학문을 한다."[古之學者爲己, 今之學者爲人]

4 『논어』「헌문」 37장의 "하늘을 원망하지 아니하고 사람을 탓하지 아니하며 일상생활을 통하여 학문을 하여 위로 진리에 도달하니, 나를 알아주는 자는 하늘이로다."[不怨天, 不尤人, 下學而上達, 知我者其天乎]라고 한 데서 유래한다.

5 『성학십도』는『증보퇴계전서』1, 권7, 차(箚)에 실려 있다.

고자 한다면, 유학은 현실에 바탕하여 올바른 현실적 삶의 추구와 실현 이라는 방법을 통하여 존재 이해를 자신의 내면에서부터 외면으로 심화 시켜 나간다.

2. 성학(聖學)과 『성학십도』 상소의 이유

1) 성학과 성인

성학은 성인이 되기 위한 학문이라는 의미와 성왕(聖王)이 되기 위한 학문이라는 두 가지 의미를 지닌다. 그래서 '성인의 학문'이나 '성왕의 학문' 또는 '제왕의 학문'이라고 불린다. '성왕의 학문'이나 '제왕의 학문' 은 학문을 하는 주체의 지위가 왕이라는 사실만 다를 뿐, 학문의 목표가 성인이라는 점에서는 '성인의 학문'과 마찬가지이다. 그러므로 '성학'이 란 곧 '성인이 되기 위한 학문'이라고 규정할 수 있다.

유학에서 성인은 이상적 인격을 완성한 최고의 인간이라는 의미이다. 성인이란 어떤 사람인가? 우선 '성'(聖) 자의 의미부터 알아보자. 『시경』 「패풍」(邶風) 「개풍」(凱風)의 "어머니는 지혜롭고 선하신데"[母氏聖善]에 대해, 『모전』은 "성은 지혜이다."[聖睿也]라고 주해하며, 『주례』「대사도」 (大司徒)의 "첫째는 여섯 가지 덕이니, 지혜·인·성·의·충·화이다."[一曰 六德, 知·仁·聖·義·忠·和]에 대해, 정현(鄭玄)은 "성(聖)은 통(通)하여 미 리 아는 것"이라고 주해하고 있다. 또 『서경』「홍범」의 "예지(睿智)가 성 (聖)을 이룬다."[睿作聖]에 대해, 공안국(孔安國)은 "일에 대하여 통달하지 않음이 없는 것을 성이라고 한다."[於事無不通, 謂之聖]라고 주해하고 있다. 『설문해자』에도 "성은 통달이다."[聖 通也]라고 나온다. 즉 '성'의 의미는 '밝음'(睿), '통달'(通) 등으로 '성'이 존재 이해와 관계된 개념임을 알 수 있다. 성에 윤리적 의미 내지 가장 이상적인 인간 덕성의 의미가 부여된 것은 확실하게는 공자 이후부터이다. 공자는 "어찌 인(仁)에만 그치겠느냐. 반드시 성이다."[6] "성인은 내가 볼 수 없다."[7] "성과 인이야 내가 어찌 감당할 수 있겠는가."[8]라고 하여 성과 인을 동렬로 보거나 성을 인보다도 우위 개념으로 사용하고 있다. 공자에게서 인이 윤리의식을 포괄하는 개념으로 사용하고 있다. 공자에게서 인이 윤리의식을 포괄하는 개념이라고 한다면 성은 인의 최대 실현의 경지를 의미한다.

성학에서 사용되는 성의 개념은 맹자에 의하여 비교적 명확하게 규정된다. 맹자는 호생불해(浩生不害)와의 문답에서 사람의 품격을 6단계로 나누어 설명한다.

> 도가 바람직한 것임을 아는 자를 선인(善人)이라 한다. 도를 자신에게 지닌 자를 신인(信人)이라 한다. 도를 충실하게 갖춘 자를 미인(美人)이라 한다. 도가 내면에서 충실하게 되어 겉으로 광휘(光輝)가 드러나는 사람을 대인(大人)이라 한다. 대인으로서 질적 변화를 이룬 사람을 성인(聖人)이라 한다. 성인으로서 그 경지를 헤아릴 수 없는 사람은 선인(神人)이라 한다.[9]

---

6 『논어』 「옹야」 28장에 나온다. "何事於仁, 必也聖乎."
7 『논어』 「술이」 25장에 나온다. "聖人吾不得而見之矣."
8 『논어』 「술이」 33장에 나온다. "若聖與仁, 則吾豈敢."
9 『맹자』 「진심하」 25장에 나온다. "可欲之謂善, 有諸己之謂信. 充實之謂美, 充實而有光

다시 말하면 성인이란, 도[10]가 내면에서 쌓이고 충실해져서 외면으로 광휘가 드러나는 대인의 단계를 넘어 인격의 질적 변화를 이룬 사람이라는 것이다. 이러한 경지는 『중용』의 "힘쓰지 않아도 중용을 행하고 생각하지 않아도 중용을 알아서 자연스럽게 도에 일치한다."[11]는 성인 내지 성자(誠者)의 경지와 같다. 「태극도설」에서 "성인의 덕은 천지와 합치되고, 밝음은 일월과 합치되며, 순서는 4계절과 합치되며, 길흉은 귀신과 합치된다."[12]고 한 것은 도덕의 궁극적 실천을 통하여 인격의 질적 변화를 이룬 성인은 덕·밝음·순서·길흉을 포함한 일체의 삶이 천지자연과 합치된다고 함이다. 요컨대 성인이란 도덕의 수양을 통하여 인격의 질적 변화를 이루어 천인합일의 삶을 사는 자를 말한다. 주희를 비롯한 모든 성리학자들은 성인의 개념을 이렇게 파악하고 있으며 퇴계에 있어서는

輝之謂大, 大而化之之謂聖, 聖而不可知之謂神." 위의 번역은 대체로 주희의 집주에 따른 것이다. 그러나 "도가 바람직한 것임을 아는 자를 선인이라 한다."는 정약용의 『논어고금주』에 따른 번역이다.

10 도는 도로, 즉 길이라는 의미에서 시작하여 윤리적으로는 인도(人道), 존재론적으로는 천도(天道)의 의미로 쓰인다. 유학에서는 인도는 인성의 실현이며, 인성은 천도에 기초한 것으로 이해한다. 인도와 천도는 주로 현상을 가리키는 말이지만, 동양의 체용일원적 관점에 의하면 현상은 곧 본체의 실현이어서 인도와 천도는 형이상적인 인성과 천리를 의미하게 되고 궁극적으로는 진리 그 자체를 의미하게 된다. 사람은 인도의 실현을 통하여 인성이 확충되고 인성이 확충됨에 따라 인격이 점점 고양되어 진리에 통달하고 진리와 하나가 된 성인이나 신인의 지위에까지 나갈 수 있다고 한다.

11 『중용』 20장에 나온다. "誠者, 不勉而中, 不思而得, 從容中道, 聖人也." 현대인들은 모든 것을 대상화시켜 이해하는 데만 익숙해져서, 모든 존재는 자신을 실현하고 있다고 하는 관점, 즉 존재의 내면성에 대한 이해에 어둡다. 성(誠)은 존재의 내면에 있는 존재의 원리이다. 인간은 이 원리를 온전하게 실현할 때 자신의 삶을 온전하게 실현하는 것이 된다. 자기를 위한 학문이 지향하는 목표는 여기에 있다.

12 "聖人與天合其德, 與日月合其明, 與四時合其序, 與鬼神合其吉凶." 이하에 나오는 주에서 출처를 밝히지 않은 원문은 모두 「도」와 「설」에 나오는 내용들이다.

더욱 뚜렷하다.

2)『성학십도』상소 이유

『성학십도』는 1568년 68세의 노학자 퇴계(1501~1570)가 17세의 소년 왕 선조에게 바친 소책자이다. 16세로 등극한 어린 왕은 즉위하자 곧 퇴계에게 관직을 내리고 수차례 독촉하였으나, 퇴계는 응하지 않다가 다음 해 7월 판중추부사로 임명되어 더 이상 사양할 수가 없어 상경하게 되었다. 그해 8월에는 그의 정치사상의 중핵을 이루는「무진육조소」를 올리고 경연에서 여러 차례의 시강(侍講)도 하였다. 그러나 늙고 병약한 자신의 기력에 한계를 느끼고, 어린 왕의 이해력에도 한계를 느껴 국가와 정치를 위하여 가장 중요하다고 생각되는 일을 한 다음 물러나기로 결심한 듯하다.「성학십도를 올리는 글」에 나오는 다음 내용은 당시의 심경을 잘 말해준다.

> 신은 학술이 거칠고 성기며, 언변이 서투른 데다 질병까지 잇달아 시강을 드물게 하였는데, 추운 겨울부터는 전폐하게 되었습니다. 신의 죄가 만 번 죽어 마땅하여 걱정스럽고 두려워 어찌할 바를 모르겠습니다. 신이 가만히 생각해보니, 처음에 글을 올려 학문을 논한 말이 전하의 뜻을 감동·분발시키기에 부족하였습니다. 그리고 그 뒤 경연에서 여러 번 아뢴 말씀도 전하의 슬기에 도움을 드릴 수 없었습니다.[13]

---

13 '글을 올려 논한 말'은「무진육조소」를 가리키며, '경연에서 여러 번 아뢴 말씀'은 같은 해에 행한 아홉 차례의 시강을 가리킨다.

퇴계는 「무진육조소」 3조에서 "성학을 두텁게 하여 정치의 근본을 세우라."[14]고 하여 성학이 정치의 근본임을 이미 말하였다. 유학은 흔히 '수기치인'의 학으로 불려진다. 치인의 원리는 수기를 통하여 얻어져야만 한다. 그런 의미에서 수기는 치인의 근본이다. 이때의 수기란 수양을 통하여 성인의 인격을 갖추는 성학을 그 내용으로 하며, 치인은 곧 사람을 바른 길로 인도하는 정치인 것이다.

퇴계는 어린 왕에게 정치의 근본이 되는 성학을 가르치기로 결심하였다. 그래서 역대의 현인들이 쓴 글과 도표 가운데서 '도에 들어가는 문'과 '덕을 세우는 기초'가 될 만한 것을 정선하여 『성학십도』를 지어 올렸다. 퇴계는 이 책자를 올리며 "내가 나라에 보답한 것은 이 도뿐이다."[15]라고 말하고, 선조와 마지막 만남의 자리에서도 "소신이 충성하기를 바라고 가르침을 드리고자 하는 정성에서 바친 것입니다."[16]라고 말할 정도로, 자신의 정성을 다하여 나라의 은혜에 보답하는 심정으로 지어 바친 것이다. 상소한 목적은 「무진육조소」에 나오는 '정치의 근본을 세운다'는 것이었다. 유학에서는 성학을 통하여 진리를 인식하고 실천할 수 있는 자가 행하는 성인의 정치를 이상적인 정치라고 생각한다. 퇴계는 『성학십도』를 통하여 선조에게 유학의 이상을 펼칠 것을 요구하는 한편 유학의 진리와 정치관을 억만세에 전하고 싶었던 것이다.

---

14 "敦聖學以立治本."

15 『선조실록』 원년(무진) 12월삭에 나온다. "李滉進箚, 上聖學十圖. … 爲此圖而進曰吾之報國, 止此而已."

16 『증보퇴계전서』 4, 「연보하」에 나온다. "臣前日所進聖學十圖. 非臣私見, 先賢所謂. … 小臣願忠納晦之書也."

3. 『성학십도』의 내용

　『성학십도』는 각각 「도」와 「설」 그리고 그것에 대한 설명과 퇴계의 보충 설명으로 이루어져 있다. 여기에서는 도와 설의 작자부터 제시한 다음 차례대로 그 내용을 설명하려고 한다. 도와 설의 작자는 다음과 같다.

　　1) 「태극도」, 도와 도설 : 주돈이(周敦頤, 1017~1073, 자는 茂叔, 호는 濂溪) 작.

　　2) 「서명도」, 도 : 정복심(程復心, 1279~1368, 자는 子見, 호는 林隱) 작. 명(銘): 장재(장재, 1020~1077, 자는 子厚, 호는 橫渠) 작.

　　3) 「소학도」, 도 : 이황(1501~1570) 작. 제사(題辭) : 주희(朱熹, 1130~1200, 자는 元晦, 호는 晦庵) 작.

　　4) 「대학도」, 도 : 권근(權近, 1352~1409, 자는 可遠, 호는 陽村) 작. 『대학』 경일장(經一章, 공자유서(孔子遺書), 미상).

　　5) 「백록동규도」, 도 : 이황작. 후서(後敍) : 주희 작.

　　6) 「심통성정도」, 상도와 도설 : 정복심 작. 중도와 하도 : 이황 작.

　　7) 「인설도」, 도와 설 : 주희 작.

　　8) 「심학도」, 도와 설 : 정복심 작.

　　9) 「경재잠도」, 도 : 왕백(王栢, 1197~1274, 호는 魯齊) 작. 잠(箴) : 주희 작.

　　10) 「숙흥야매잠도」, 도 : 이황작. 잠 : 진백(陣柏, 宋의 南塘人, 생애는 미상, 자는 茂卿) 작.

　이상 10도의 각 조마다 끝에는 선현의 설을 인용한 설명과 퇴계의 보충 설명이 붙어 있다. 10도 가운데서 「태극도」와 「서명도」는 성리학에서 존재론을 대표하는 저작이며, 「소학도」 「대학도」는 유학의 학문적 규모를 보여주는 저술이며, 나머지 도들도 송·원대 성리학자의 저작으로 성리학의 핵심적 내용을 담고 있다. 퇴계는 「성학십도서문」에서 옛날 현인 군자가 '도에 들어가는 문'과 '덕을 쌓는 기초'에 대하여 해와 별처럼 훤하게 보여준 도와 설을 모았다고 하였다. 10도 가운데서 3개는 퇴계가 그린 것이지만 이미 있던 저술을 도표로 그린 것일 뿐이다. 「심통성정도」 중의 상·하 2도만이 퇴계가 독창적으로 그린 것인데, 스스로는 그것마저도 독창적으로 그린 것이 아니라 선현에 의하여 서술된 내용을 그린 것에 불과하다고 한다. 동양철학에서는 사실 독창성은 별로 중시되지 않았다. 독창성보다는 오히려 온고지신(溫故知新)의 자득이 중시되었다. 10도 선택의 기준, 배열의 순서와 10도 전체에 대한 보충설명 등을 통하여 퇴계의 깊은 자득(自得)의 경지는 충분히 확인될 것이다. 각 도의 내용을 검토한 다음 10도 전체의 구조를 밝히고, 나아가 성학의 방법과 공효(功效)를 살펴봄으로써 이 연구를 매듭짓고자 한다.

1) 태극도

「태극도」를 설명한 「태극도설」의 내용은 다음과 같이 나누어 볼 수 있다.

① 자연의 조화 즉 존재의 생성·변화 과정을 설명한 부분.
[無極而太極 ~ 變化無窮焉]
② 인간에게는 존재의 생성·변화 과정의 전체 모습이 품부되어 있음을 설명한 부분.[惟人也 ~ 萬事出矣]
③ 성인은 천지자연과 합일된 삶을 산다는 부분.[聖人定之 ~ 合其吉凶]

④ 군자는 수양해서 길하고 소인은 어겨서 흉하다는 부분.
　[君子修之吉, 小人悖之凶]
⑤ 역을 예찬한 부분.[故曰立天之道 ~ 大哉易也 其至矣]

　그러나 '조화의 추뉴(樞紐)이며 품휘(品彙)의 근저(根柢)' 곧 자연 변화
와 만물의 지도리이며 뿌리인 '무극이태극'(無極而太極)에서 시작하여 역
의 예찬으로 끝나는 도설에는, 하나의 원리가 시종일관함을 볼 수 있다.
'무극이태극'은 생성·변화의 근원적 원리이고, 인간은 그 원리를 품부받
아 태어났으며, 성인은 그 원리를 완전히 실현하고 있으며, 군자는 그
원리를 실현하려고 수양하며, 천·지·인이 모두 그 원리를 실현하고 있
음을 말한 역은 훌륭하다는 내용으로 '무극이태극'은 시종일관된다. 우
주 만물의 뿌리이면서 우주 만물에 내재된 '무극이태극'을 성리학자는
이(理)라고 한다. 이의 인식과 실현은 성리학자에 있어서 학문의 목표이
다. 우주 만물을 일관하고 있다는 점에서 보면 목표이나, 인간 개체에
내재한 측면에서 보면 학문의 단서가 되기도 한다. 주리(主理)의 입장을
취하는 성리학자는 존재론적으로는 이기이원론(理氣二元論)적 입장을 취
하지만 공부의 단서를 내재된 이에서 찾고 공부의 목표를 이의 인식과
실현에 두고 있기 때문에 기에 대한 설명은 자세하지 않다. 이의 측면에
서 볼 때 태극도에서는 학문의 단서와 목표가 다 제시되었다. 태극도의
설명에 의하면 주희는 태극도를 일컬어 '도리의 커다란 두뇌처(頭腦處)'
라 하고, '백세(百世) 도술(道術)의 연원(淵源)'이라 하였다 한다. 퇴계 역
시 이 도에는 학문의 단서와 목표가 갖추어졌다고 생각하였기 때문에 제
1도로 삼았다.

성인을 배우려는 사람은 이 도에서 단서를 찾고, 소학 대학 등을 통하여 공부하여, 공효를 거두어 일원(一源)에까지 완전히 소급하게 되면, 바로 그것이 "이를 궁구하고 성을 다하여 명에 이른다."는 경지이며, "덕이 성대하여 신(神)을 궁구하고 조화를 안다."는 경지이다.[17]

퇴계가 말한 단서는 인간에 내재된 '무극이태극'이며, 완전히 소급하게 된 일원은 총체적인 '무극이태극'이다. 이것을 인식할 수 있는 방법이 없고 인식의 결과가 실천에 의하여 실현될 수 없다면 이성에 의한 일종의 사변철학으로 취급될 수 있다. 그러나 퇴계는 인식 방법을 뚜렷하게 제시하고 있으며 실천에 의한 실현의 경지도 설명하고 있다.

2) 서명도

장재가 처음 지었을 때는 「정완」(訂頑, '어리석음을 바로잡는다'는 뜻)이었는데, 정이(1033~1107, 자는 正叔, 호는 伊川)가 「서명」(西銘)이라 고쳤다. 「서명」의 내용은 전반과 후반으로 나눌 수 있다.

전반부는 인간과 만물이 천지를 부모로 하여 태어난 하나의 가족으로 천지·만물이 본래 일체이지만, 그 가운데 인물·군신·장유·귀천의 나누어짐이 있음을 밝히고 있다.

사람과 사물이 모두 천지의 아들인데, 천지에 가득 찬 기는 우리의 몸

---

17 도리를 인식하여 본성을 다함에 의하여 천명에 도달한다고 함과 덕이 성대한 자만이 정신을 궁구하고 자연의 조화를 안다고 함은 하학상달이라는 유학의 진리 인식방법상의 특성을 가리킨다.

이 되었으며 천지를 이끄는 이는 우리의 성이 되었다. 태어난 근원으로
보면 사람과 사물은 다름이 없지만, 구체적 삶을 통하여 보면 사람은 사
람으로서 사물은 사물대로 살고 있다. 그리고 인간에게는 군신·장유·성
현·귀천의 구별이 없을 수 없다고 한다. 그래서 정이는 "「서명」은 '이일
분수'(理一分殊)[18] 즉 '원리는 같으나 품부받은 분수는 다름'을 밝혔다."고
말하였다. 이 일을 알면 만물을 내몸과 같이 사랑하여 인을 실천할 수
있고, 분수를 알면 사람마다 자기 부모를 부모로 사랑하고, 자기 자식을
자식으로 사랑할 수 있다. 이일분수를 앎으로써 인간은 만물을 사랑하되
무차별적 사랑인 겸애(兼愛)에 빠지지 않을 수 있으며, 친소(親疎)와 귀천
에 따라 사랑의 정도가 다르더라도 자기만을 위하는 위아(爲我)에 빠지
지 않을 수 있다.

　유학은 인을 주장하지만 무차별적 사랑인 겸애에는 반대한다. 모든
존재는 자연 질서에 따라 자신과 다른 존재 사이에는 원근(遠近)의 정도
가 있게 마련이며, 이 원근의 정도에 따라 인의 표출 양태도 달라진다는
것이다. 그러나 표출 양태가 달라진다고 하여 그 원리자체가 다른 것은
아니다. 원리는 인뿐이다. 인을 원리로 하여 "어버이에게는 친하고 일반
사람들은 사랑하고 사물은 아낀다."[19]고 말한 맹자의 차별적 사랑과 서명
의 내용인 '이일분수'는 유학에서 주장되는 사랑의 현실적 실천론이라
할 수 있다.

---

18 "이치는 하나이지만 나누어 각각 가지고 있는 것은 다르다."는 이일분수는 성리학에서
　　자주 사용되는 중요한 용어이다. 존재론적으로는 우주의 근원적 원리인 '무극이태극'과
　　개체의 원리인 각 개체의 본성이 이러한 관계라고 하며, 인간에게 있어서는 인간의 본성과
　　본성의 작용, 즉 체와 용이 이러한 관계라고 한다.
19 『맹자』「진심상」 45장에 나온다. "親親而仁民, 仁民而愛物."

후반부는 사람이 천지를 섬기되, 자식이 부모를 섬기는 것처럼 섬겨야 한다고 한다. 부모를 잘 섬긴다는 것은 부모의 뜻을 이어받고 부모의 사업을 계승·발전시킴을 말한다. 따라서 부모인 천지를 잘 섬기려면 천지의 뜻과 사업을 알아야 한다. 천지의 뜻과 사업을 아는 것을 『역』 「계사」에서는 '궁신지화'(窮神知化)라고 하였다. 여기에 대하여 장재는 이렇게 말하였다. "궁신지화는 덕을 성하게 길러 저절로 도달되는 경지이다. 억지로 생각하고 노력해서 되는 경지가 아니다. 그러므로 덕을 높게 닦는 방법 이외의 것은 군자가 알려고 하지 않는다."[20] 이것은 결국 천지 곧 자연의 뜻과 사업을 알 수 있는 방법도, 섬기는 방법도 자신의 수양밖에 없다고 주장함이다. 이것은 『맹자』의 "마음을 보존해서 본성을 기르는 것이 하늘을 섬기는 것이다."[21]라는 말과 일치된다. 장재는 인간이 천지의 아들로서 천지를 섬겨야 하는데, 섬기는 방법은 하늘이 품부한 인간의 본성을 닦아 덕을 성취하여 궁신지화함에 의하여 가능하다고 하였다. 장재는 그래서 "덕을 높게 닦는 방법 이외의 것은 군자가 알려고 하지 않는다."고 까지 말하였다. 그리하여 그는 덕이 천지와 합치하여 삶을 즐거워하고 근심하지 않는[樂且不憂] 성인이야말로 천지에 대하여 효자라고 말하였다.

「태극도」와 「서명」은 성리학에 있어서 존재론의 대표적 작품이다. 성리학의 존재론에서는 자연과 인간이 별개의 존재가 아님이 드러났다. 그 원리인 이에 있어서나 형질인 기에 있어서나 자연과 사물 특히 인간은

---

20 『근사록』 권2, 「위학대요」(爲學大要) 79조에 나온다. "窮神知化, 乃養盛自至, 非思勉之能强, 故崇德以外, 君子未或致知也."

21 『맹자』 「진심상」 1장에 나온다. "存其心, 養其性, 所以事天也."

동일하다. 인간은 넓게는 자연의 조화과정에서 생성된 자연의 아들이다. 인간과 자연의 위대함과 그 본래적 모습은 인간이 자신의 모습을 되찾아 자연과 합일을 이루어 자연을 그 자체로 이해하고 자연을 그 자체로 받아들임에 의하여 드러날 것이다. 「태극도」의 작자 주렴계는 "성인은 천(天), 즉 자연과 같이 되기를 희망한다. 현인은 성인이 되기를 희망한다. 선비는 현인이 되기를 희망한다."[22]고 하여 인간의 궁극적 목표가 천, 즉 자연과 같이 됨에 있다고 하였다. 「서명」의 작자 장재는 "육체가 있게 된 뒤에 기질지성이 있게 된다. 잘 반성하여 돌이키게 되면 천지의 성, 곧 본연지성이 있다."[23]고 하여 인간이 자신의 개체적 성격인 기질지성을 넘어 천지 지성인 본성을 갖추고 있다고 한다. 그래서 인간은 자연에서 받은 본성을 자각하여 자연과 합일함에 의하여 자연의 뜻과 자연의 조화를 알 수 있으며, 자연의 뜻을 받들고 자연의 조화를 도우며 살 수 있다고 하였다. 그래서 장재는 이것을 인간 삶의 이상적 경지로 설정하고 있으며, 이러한 경지에 도달한 인간이 바로 성인이다.

3) 소학도

『소학』은 주희가 어린아이들에게 도덕 교육을 시키기 위하여 고훈(古訓)과 명언을 수집하여 편찬한 책이다. 어린아이들에게 가르치는 내용인 만큼 어려운 이론이 아니라 주로 구체적인 일을 중심으로 가르친다. 「소

---

22 『근사록』권2, 「위학대요」1조에 나온다. "聖希天, 賢希聖, 士希賢."

23 위의 책, 「위학대요」80조에 나온다. "形而後, 有氣質之性. 善反之, 則天地之性存焉. 故氣質之性, 君子有不性者焉."

학도」는 『소학』의 목차를 그린 것이다. 『소학』의 내용은 목차에 보이듯이 입교(立敎)·명륜(明倫)·경신(敬身)을 주로 한다. 입교에서는 가르치고 배울 내용을 밝히고, 명륜에서는 다섯 가지 인간관계[五倫]를 가르치며 경신에서는 자신의 몸에 대한 공경을 가르친다. 그리고 계고(稽古)·가언(嘉言)·선행(善行)에서는 고인의 행동과 말을 통하여 입교·명륜·경신에 대한 보다 광범위한 설명과 함께 구체적인 실례를 통하여 교육 효과를 높인다. 어릴 때부터 도덕적 행동이 몸에 익숙하도록 하고 동시에 도덕적 심성을 함양함에 『소학』 교육의 목적이 있다고 하겠다.

서문의 내용을 요약하면 이러하다.

> 모든 인간은 사랑[仁]·정의[義]·공경[禮]·지혜[智]로 대표되는 선한 본성을 지니고 있다. 윤리적 행위는 이 본성의 발현에 의하여 가능하다. 성인은 본성을 완전히 실현하는데 반하여 중인(衆人)들은 본성을 망각하고 산다. 그래서 성인이 학교를 세우고 스승을 두어 사람들을 가르치게 되었다. 『소학』의 교육 내용은 물 뿌리고 청소하며 어른에게 대답하는 방법에서 시작하여, 집에서는 효도하고, 밖에서는 공경하는 등의 구체적인 일에 관한 것이 많다. 실천하고 남는 힘이 있으면 시를 외고 독서하며, 노래하고 춤추게 하여 생각이 방일하지 않게 해야 한다. 요즈음은 교육이 쇠퇴해져 풍속이 악해지고 훌륭한 인재도 별로 없지만, 다행히도 인간의 본성은 영원히 없어지지 않는다. 고훈을 모아 이 책을 지어 전하니 공경스럽게 받으라는 내용이다.

한마디로 성선(性善)의 재천명이며, 선한 인간의 본성이 인도의 영원한 원천이라고 함이다.

4) 대학도

『대학』은 수기치인의 학문이라는 유학의 학문적 체계와 규모를 보여
준다.

'명덕을 밝힘'[明明德], '백성을 새롭게 함'[新民],[24] '지선(至善)에 머무
름'[止於至善]은 유학의 삼강령(三綱領)이다. 이것을 보다 자세하게 단계
별로 나눈 것이 팔조목(八條目), 즉 격물(格物)·치지(致知)·성의(誠意)·
정심(正心)·수신(修身)·제가(齊家)·치국(治國)·평천하(平天下)이다.

격물에서 수신까지는 명덕을 밝힘에 속하고, 제가에서 평천하까지는
백성을 새롭게 함에 속하며, 이 두 가지는 지선에 머무름을 목표로 한다.
명덕을 밝힘이 자기 자신이 지선에 머물기 위한 공부라면 신민은 남들을
지선에 머물도록 하는 것이다. 신민은 곧 자신이 명덕을 밝힌 과정을 미
루어 남에게도 그렇게 하도록 도와주는 추행의 과정이다. 그러므로 신민
을 위해서는 자신의 명덕을 먼저 밝히는 것이 필연적으로 요청된다 하겠
다. 그러면 명덕을 밝히는 것은 어떻게 이루어지는가? 유학의 가장 중요
한 과제는 이 명덕을 밝히는 문제에 집중되어 있다. 다른 말로 바꾸어
표현하면 자신의 도덕적 주체성을 수양하여 지선한 삶을 사는 인간이 되
도록 하는 것이 유학의 가장 중요한 과제란 말이다.

명덕을 밝히는 것은 격물치지성의정심수신의 과정으로 세분된다. 격
물치지는 지선의 인식이며, 성의·정심·수신은 지선의 실천 과정이다.
지선에 대한 인식과 실천을 통하여 명덕은 밝혀지게 된다. 지선이 무엇

----

24 『대학』에서는 '친민'(親民)이지만, 『성학십도』에서는 주자의 설에 따라 아예 '신민'으로
    되어 있다.

인가에 대한 참된 인식이 없이 지선의 실천은 불가능하다. 그래서 순서상 격물치지는 성의·정심·수신에 앞서 요구된다. 그러나 지선에 대한 인식이 한꺼번에 달성되는 것은 아니다. 지행을 함께 닦아가는 가운데 점차적으로 이루어지는 것이므로, 격물치지와 성의정심수신의 순서라고 하여 반드시 전자의 공부가 끝난 다음 후자의 공부를 하여야 하는 것은 아니다.

머물 곳인 지선의 자리를 안 다음의 정해짐[定]·고요함[靜]·편안함[安]·사려함[慮]·얻을 수 있음[能得]은 지선이 있는 곳을 안 다음에는 공부의 방향이 확실하게 정해지고, 그 다음에는 마음이 고요하게 되고, 몸이 편안하게 되고, 사심이 없이 생각할 수 있게 되어 드디어 선에 머무름을 얻게 된다고 함이다. 이것은 격물치지에서 수신에 이르기까지 심신의 변화를 말한 것이기도 하다.

격물치지에서 수신을 거쳐 선한 삶이 자신에게 확립된 다음 가정과 국가와 천하에까지 선이 실현되도록 해야 한다는 것이 『대학』의 내용이며, 이는 곧 유학의 이념이다.

이것은 개인의 인격수양이 국가 사회에 있어서 모든 문제 해결의 핵심이라고 함이다. 조선 후기 이후 사회가 복잡 다양화하기 시작하면서 사회제도와 경제 산업문제 쪽으로 문제 해결의 방향이 기울기 시작한 것이 사실이다. 그리고 현대에 와서 이러한 경향은 더욱 강해지고 있지만 사회를 어떠한 방향으로 이끌고 갈 것인가 하는 문제는 결국 가치의 문제와 떨어져서 해결될 수 있으리라고 보지 않는다. 선이 무엇인가에 대한 해답은 성리학의 과제였으며, 필자는 성리학이 이 문제에 대한 해답을 얻었다고 본다.

『대학』 내용의 기초가 되는 '명덕', 『태극도』의 '무극이태극'(無極而太極), 『서명』의 '나의 본성으로 삼은 천지를 이끄는 자', 『소학』의 '병이'(秉彝)는 지선에 대한 답을 얻게 하는 단서이자 그 자체가 곧 지선의 원리이다.

5) 백록동규도

본도는 당(唐)나라 이발(李渤)이 백록을 키우며 은거하였다는 남강군(南康軍)[25] 북쪽 백록동 서원의 학자들에게 게시하기 위하여 주희가 지은 규문의 목차를 퇴계가 도표로 만든 것이다. 위에는 순(舜)이 설(契)을 사도(司徒)로 삼아 일반 백성에게 가르치게 하였다는 오륜이 배치되고, 그 아래는 『중용』에 나오는 학문방법인 박학(博學)·심문(審問)·신사(愼思)·명변(明辨)·독행(篤行)을 배치하고 있다.

동규후서(洞規後敍)는 백록동규의 발문이다. 이 발문에서 주희는 학문의 목적을 분명하게 말하고 있다. "옛날 성현이 사람에게 학문을 가르친 의도는 모두 의리를 밝혀 자신을 닦은 뒤에 남에게까지 미치도록 하기 위한 것이었다." 즉 수기치인이 학문의 목적이라는 말이다. 그런데 의리를 밝혀 자신을 수양함은 어떤 특별한 방법을 요구하는 것이 아니라, 자기 삶의 구체적 현장에서 부자·군신·부부·장유·붕우 등의 보편적인 인간관계를 정당하게 실현함에 의해서 이루어진다는 것이다. 그 관계맺음을 바르게 실현하기 위하여 박학·심문·신사·명변하고 이를 통하여

---

25 현재의 강서성(江西聲) 성자현(星子縣)이다.

지선한 관계맺음에 대한 답을 얻어 독행함에 의하여 수신이 이루어진다는 것이다.

　성현의 학문이라고 하면 고원한 곳에서만 찾기 쉽기 때문에 본도의 보설(補說)에서 퇴계는 이렇게 말하였다.

　　　요·순의 가르침은 다섯 가지 인간관계에 있고, 하·은·주 삼대의 학문은
　　　모두 인간관계를 밝히는 것이었다. 그러므로 규(規)의 궁리와 역행은 모
　　　두 다섯 가지 인간관계에 근본하고 있다.

　「태극도」「서명도」를 통하여 자연의 궁극적 원리와 만물의 부모를 논하고, 소학 대학을 통하여 평천하까지 논하면서도 유학의 근본 문제는 역시 오륜이라는 기본적인 인간관계 문제를 해결함에 있음을 볼 수 있다.
　이것이 유학을 낮게 평가하여도 좋은 원인이 될 수 있을까? 맹자는 "배부르게 먹고 따뜻하게 입고 편안하게 살면서 교육이 없으면 짐승에 가깝다."[26]고 하였다. 맹자가 지칭한 교육은 인간관계의 지선한 실현인 오륜이었다.

　하·은·주를 거쳐 공자맹자에 이르기까지 전통 유학은 인간이 인간다울 수 있는 계기를 인간관계의 지선한 실현에서 찾았다고 볼 수 있다.
　인간관계를 중심으로 지선한 삶을 이루어 나가는 가운데 자신의 본성을 알고 남과 사물의 본성을 알고 더 나아가서는 자연의 진리를 알아 천지자연의 조화에까지 참여하여 도울 수 있도록 하자는 것이 유학이다.

26　『맹자』「등문공상」 4장에 나온다. "飽食煖衣, 逸居而無教, 則近於禽獸."

『논어』의 '하학상달'(下學上達), 『역』「계사」의 '신묘함을 궁구하고 조화
(造化)를 아는 것은 덕의 성대함을 통해서이다.'[窮神知化 德之盛也]는 유
학정신의 바로 이러한 측면을 말해준다.

6) 심통성정도

본도는 세 개의 그림으로 되어 있다. 상도는 정복심이 그린 것이며,
중도와 하도는 퇴계가 그린 것이다.

정복심의 도와 도설에는 "마음이 성정(性情)을 통회(統會)한다."는 심
·성·정의 관계를 포함하여 체(體)와 용(用), 적연부동(寂然不動)과 감이
수통(感而遂通), 미발지중(未發之中)과 중절지화(中節之和) 등 심·성·정
의 중요 문제가 망라되어 있다.

중도와 하도에서 마음을 '이와 기가 합한 것'으로 파악한 것은 마음에
대한 존재론적 해명이다. 존재의 근원적 두 요소인 '이와 기가 합한 것'
이 마음이라는 사실은 존재에 대한 본질적 이해의 길이 마음에 대한 이
해로부터 열릴 수 있음을 예시한다. 또 "한 몸의 주인으로서 몸에서 일어
나는 모든 일을 겸해하며 성정을 통섭한다."[27]는 것은 마음의 기능을 말
한 것이다. 마음은 신체의 주인으로서 신체에서 일어나는 모든 일을 주
관한다고 함이다. 학문적으로는 인식과 실천, 신체적으로는 활동과 정
지, 의식의 동과 정 등 한 몸을 중심으로 공간과 시간 안에서 일어나는
일체의 일을 주관한다고 함이다. 수신을 주된 과제로 하는 유학이 수신

---

27 "主一身, 該萬化, 統性情."

을 위하여 무엇보다도 마음을 중시함은 마음의 주체적 기능이 이렇게도 중요하기 때문이다. 마음이 일신의 모든 활동을 주관한다면 마음의 기능을 확립하려는 노력도 일신의 모든 활동과 병행하여 요청되지 않을 수 없다. 이러한 노력이 바로 퇴계 철학의 핵을 이루는 경(敬)이며, 그래서 『성학십도』 전체는 경을 핵심으로 하여 설명되고 있다.

인간의 성정을 두 가지 관점에서 보아 중도와 하도로 나누어 설명한 것은 퇴계 성정론의 특징이며, 독창적이라고 해도 좋은 부분이다.

중도는 '기품 가운데서 본성만 가리켜 말한 것'이라고 한다. 퇴계의 이러한 입장은 현실적 인간의 성품(기질지성) 가운데서 순수한 본성만을 독립적으로 말할 수 있다는 것이다. "자사가 말한 천명의 성, 맹자가 말한 성선의 성, 정자의 바로 이인 성, 장재의 천지의 성이 바로 이러한 성이다."라고 말한다. 이 경우에는 발한 정도 모두 선할 수밖에 없다고 한다. 본성의 실현을 방해하는 요인이 없기 때문이라고 할 수 있을 것이다. "자사가 말한 '중절'의 정, 맹자가 말한 '사단'의 정, 정자가 말한 '어떻게 선하지 않다고 부를 수 있겠는가'라고 할 때의 정, 주자가 말한 '성에서 나와서 원래 선하지 않은 것이 없다'는 정 등이 이러한 정이다."라고 말한다. 이때의 정은 사단이나 칠정이 모두 선한 정이라고 한다.

하도에서는 "성은 본래 한 가지(이를 말함)로 말미암아 있게 된 것이지만, 기 가운데 있게 되면 두 가지 이름이 있게 된다."는 관점에서 성을 본연지성과 기질지성으로 나눈다. 그리고 성에서 발하는 정도 '이가 발해서 기가 그것을 따르는' 사단과 '기가 발하자 이가 그것을 타는' 칠정으로 나눈다. 중도에서는 사단과 칠정이 모두 선한 것으로 설명되었지만 이번에는 사단과 칠정이 모두 악하게 될 수도 있다고 한다.

사단의 정은 이가 발하여 기가 따르는 것으로 스스로 순수하게 선하여 악함이 없다. 그런데 이발이 완수되기 전에 기에 의하여 가려지면 선하지 못하게 된다. 칠정도 기가 발하여 이가 타면 선하지 않음이 없다. 그러나 기의 발함이 절도에 맞지 않아서 이를 멸하게 되면 방탕하여 악이 된다.

퇴계는 현실적인 인간의 성정은 하도의 성정이지만, 맹자와 자사가 이만을 가리켜 말한 이유는 성이 본래 선함을 가르치기 위한 것이라고 하며, 중도의 목적도 그와 같다고 하였다.

유학에서는 감(感)과 응(應)의 문제를 매우 중시한다.[28] 감이 어느 한 쪽에서의 작용이라면, 응은 그것에 대한 반응을 말한다. 성정론에서 항상 나오는 체와 용, 적연부동과 감이수통, 미발지중(未發之中)과 중절지화(中節之和) 등은 심(心)의 감응에 관한 설명이다. 체·적연·미발지중은 외부의 모든 감에 응할 수 있는 마음의 원리, 곧 성을 말하며, 용·통·중절자화(中節之和) 등은 외부의 감에 대한 반응, 곧 정을 말한다. 인간관계, 곧 인륜을 통하여 도리를 추구함도 인간 상호간의 감응관계를 자연의 질서인 이법에 맞게 실현하고자 함이다. 격물치지를 통한 지선의 추구도 이러한 감응관계를 떠나 논리나 분석에 의해서 이루어질 수는 없다. 마음과 대상과의 감응관계를 매우 중시하므로 감응의 체인 성을 보존하여 가꾸고, 감응의 용인 정을 살피는 공부인 존양과 성찰이 또한 당연히 중시된다. 이러한 심성정론(心性情論)을 바탕으로 퇴계는 성학에 대

---

[28] Michaei C. Kalton 교수가 유학에서 윤리의 주된 문제는 '상황에 대한 주체의 적합한 반응'(appropiately reponding to a situation)이라고 한 것이나, "유학의 관심은 적합한 반응을 방해하는 요인을 줄이기 위하여 수신(self-cultivation)에 집중된다."고 한 것은 유학의 핵심을 잘 지적한 말이다.(To Become A Sage, 195쪽을 참조.)

하여 명쾌하고 간단한 해답을 제시하고 있다.

> 요컨대 이와 기를 겸유하고 성정을 통회한 것이 마음이다. 그리고 성이
> 발하여 정이 되는 그 순간은 마음의 기미가 싹트는 때로, 모든 일의 지도
> 리[樞要]이며 선악의 갈림길이다. 학자는 성심으로 경을 한결같이 지켜
> 이와 욕을 밝게 분별하고, 성이 발해서 정이 되는 그 순간을 더욱 삼가야
> 한다. 미발의 때에 존양 공부를 깊게 하고, 이발의 때에 성찰의 습관을
> 익숙하게 하여 참[眞]이 쌓이고 노력이 계속된다면 "정밀하게 살피고 한
> 결같이 보존하여 중용을 잡는다."[惟精惟一, 允執厥中]라는 성학과 '체를
> 보존하여 사물에 응하여 작용하는'[存體應用][29] 심법을 다른 곳에서 찾을
> 필요 없이 여기서 얻을 수 있을 것이다.

이것은 성학의 방법이 거경·궁리·존양·성찰에 의해서만도 가능하다
고 함이다. 인간의 마음에 이와 기라는 존재의 두 근원이 모두 있으므로,
다시 말하면 인간 자신이 곧 유기체적인 자연의 일부분으로, 존재의 모
든 요소의 묘합이므로 자신의 마음을 수렴하여 존재의 원리인 이를 체인
하고 존양과 성찰을 통하여 이를 확충해가면 성학의 완성에 도달할 수
있다는 것이다.

「심통성정도」와 그 보설(補說)을 통하여 퇴계 철학의 심학적 측면을
살펴볼 수 있다. 그러나 퇴계는 심학을 중시하기는 했지만 또한 마음에
만 머물지는 않았다. 퇴계는 심학을 바탕으로 객관적인 사물의 이치에

---

29 성리학에서는 마음을 본체와 작용으로 설명한다. 본체 가운데는 사태에 응할 수 있는 원리
가 다 갖추어져 있어서, 본체가 온전하게 보존되면 작용은 저절로 다 실현된다고 본다.
그러나 수양법에서는 두 계기가 똑같이 중시된다. 존양과 성찰이 이것이다.

대한 탐구도 중시한다.

7) 인설도

천지의 심을 덕, 곧 이의 측면에서 말하면 원·형이·정이듯이, 인간의 마음은 덕, 곧 이의 측면을 말하면 인·의·예·지이다. 그런데 원의 덕은 형·이·정을 포괄하며, 인의 덕은 또한 의·예·지를 포괄한다. 원·형·이·정의 운행인 춘·하·추·동에서 춘의 기운은 하·추·동에 다 통하듯이, 인·의·예·지의 발용인 애(愛)·의(宜)·공(恭)·별(別)에는 측은지심이 관통하고 있다. 결국 심의 체와 용, 미발과 이발, 성과 정에는 모두 인이 관통하여 흐르고 있다는 것이다. 맹자가 "인은 사람의 마음이다."(「告子上」 10)라고 말한 것은, 이의 측면에서 보면 인간의 마음이 곧 인이라는 말이다. 미발의 상태를 인이 다 포괄하며 이발의 상태에도 측은지심이 관통한다는 것은 인간의 가치의식과 가치의 발현 일체가 바로 인에 의해서 가능하다는 것이다. 공자가 인을 가르치기에 급급하였던 것은 인이 바로 인간 가치의 총화로서 '모든 선의 근원이며 모든 행위의 근본'이기 때문이다. 그러면 어떻게 하면 인을 체득할 수 있을까? 공평무사가 인을 체득하는 방법이라고 한다. 이것은 『논어』의 "자신을 극복하고 예로 돌아가면 인을 행하는 사람이 된다."(「안연」)는 내용과 같은 말이다. 요컨대 선을 실현함으로써 인을 체득할 수 있으며, 또한 선을 행할 수 있게 하는 원리는 인이란 말이다. 인은 모든 선의 총화이면서 또한 선을 행함으로써만 확인되고 체득할 수 있다는 것이다.

「심통성정도」에서 퇴계는 본성만 독립시켜 말할 수 있다고 하였다. 「인설도」는 본성만 독립시켜 말하고, 나아가 모든 성정을 인으로 포괄하여 설명한 것임을 알 수 있다. "지각은 바로 지의 일이다."라고 하였는데 인으로 포괄할 수 있는 인성에 인식능력인 지도 포함되어 있다. 이것은 가치문제의 해명을 통하여 인식문제도 해명할 수 있는 가능성을 보여주고 있다. 어쨌든 인간 본성에 대한 해명을 통하지 않고서는 존재도 가치도 인식도 근원적으로 해명될 수 없으리라 생각된다.

8) 심학도

「심학도」는 성현이 논한 심학에 관한 명언들을 뽑아 만든 것으로 도와 도설로 되어 있다. 도는 상권(上圈)과 하권(下圈)으로 나뉘어져 있다.

상권에서는 한 몸의 주재(主宰)로서 허령(虛靈)하며 지각을 지닌 신명스러운 마음 자체는 하나이지만, 마음에 대한 이름은 여러 가지라는 것을 보여주고 있다. 원으로 된 마음 밖에 있는 양심·적자심(赤子心)·인심·본심(本心)·대인심(大人心)·도심(道心) 등은 경전에 나오는 마음에 관한 칭호들이다.

하권에서는 마음을 주재하는 경(敬)을 가운데 배치한 다음 '정밀하게 살펴 선을 선택함'[惟精擇善]과 '한결같이 하고 굳건히 잡음'[惟一固執] 아래로 천리를 보존하는 공부를 오른쪽에 배치하고 인욕을 막는 공부를 왼쪽에 배치하고 있다. 왼쪽의 '홀로 아는 마음을 삼감' 이하는 모두 인욕을 막는 공부이다. '마음이 동요되지 않는 상태'에까지 이르게 되면 부귀·빈천·위무(威武) 등이 마음을 동요시키지 못하고 도가 밝아지고 덕이 확립될 것이다. 오른쪽의 '경계하고 두려워함' 이하는 모두 천리를 보존

하는 공부이다. '마음이 바라는 대로 행함'의 경지에 이르게 되면 마음이
바로 본체요, 욕망이 바로 작용이며, 본체가 바로 도요, 작용이 바로 의
여서 생각하지 아니하여도 이해하고, 힘쓰지 않아도 중도(中道)를 행할
수 있게 될 것이다.

순이 우에게 내려준 심학의 비법이라는 '유정유일'(惟精惟一)로부터
'부동심'(不動心) '종심'(從心)에 이르기까지의 심공부는 크게는 인욕을 막
는 공부와 천리를 보존하는 공부로 나눠진다고 한다. 서로 다른 이 두
갈래의 공부는 궁극적으로는 마음과 천리가 하나가 되어 마음의 작용이
바로 천리의 작용이 되는 '마음이 곧 본체'[心卽體], '욕망이 곧 작용'[欲卽
用], '본체가 곧 도'[體卽道], '작용이 곧 의'[用卽義]를 지향하고 있다. 그
리고 인욕을 막고 천리를 보존하는 여러 방법들이 있지만 이러한 공부들
은 경을 떠나서는 성립될 수 없다. 마음이 몸의 주재라면 경은 마음의
주재이기 때문에, '주일무적'(主一無適), '정제엄숙'(整齊嚴肅) '수렴심신'
(收斂身心), '상성성'(常惺惺) 등의 방법에 의하여 마음을 주재하지 않으면
안 된다. 경공부가 익숙하게 되면 다른 공부도 쉽게 이루어져 성인의 경
지에 들어감도 그렇게 어렵지 않을 것이라고 한다.

9) 경재잠도 · 10) 숙흥야매잠도

9도와 10도는 둘 다 경공부에 관한 것이다

9도에서는 고요할 때나 움직일 때나 마음의 주재성을 잃지 말고, 마음
과 몸을 번갈아 가며 바르게 하여, 마음이 모든 일을 주재하도록 하는
것이 경을 유지하는 것이라고 한다. 경을 잃게 되면 사욕이 멋대로 일어

나 불이 없어도 열이 나고 얼음이 없어도 몸이 싸늘하게 될 수 있어서 모든 법도가 무너지게 된다고 하였다.

10도에서는 새벽에 일어나 생각을 가지런히 하고, 세수하고 의복을 갖추어 입고, 마음이 허명정일(虛明靜一)하게 된 다음 독서하고 일에 응해야 한다. 일에 응할 때는 항상 마음이 모든 것을 감독하게 해야 한다고 하니 이것이 바로 경이다. 낮 동안 이렇게 한 다음 저녁이 되어 잠자리에 들면 아무 것도 생각하지 않음으로써 마음과 정신이 잠들게 해야 한다고 하였다.

9도가 동정·표리·유사(有事) 등의 처한 상황[地頭]에 따라서 해야 할 공부라면, 10도는 시간에 따라서 해야 하는 공부이다. 도는 시간과 공간에 관계없이 없는 곳, 없는 때가 없으므로 도를 보존하고 도에서 어긋남이 없는가를 살피는 공부를 잠시도 중단할 수 없다. 따라서 9도의 상황에 따른 공부[地頭工夫]와 10도의 시간에 따른 공부[時分工夫]는 일상생활을 통하여 끊임없이 함께 이루어져야만 한다는 것이다. 『중용』 1장의 "도는 잠시도 떠날 수 없다. 만일 떠날 수 있다면 도가 아니다. 그러므로 군자는 자신이 보지 못하는 마음을 항상 경계하며, 자신이 듣지 못하는 마음을 항상 두려워한다. 은미할 때보다 더 잘 드러나는 때가 없다. 그러므로 군자는 자신만이 아는 마음의 기미를 삼간다."는 내용과도 통한다. 요컨대 시간과 공간, 동과 정에 관계없이 경은 항상 유지되어야 한다는 것이다. 지경(持敬)의 이상적 상태는 「숙흥야매잠」의 "솟는 해처럼 밝고 마음이 텅 비고 밝고 고요하여 전일하다."[曒如出日, 虛明靜一]는 것과 "밝은 명이 환하게 빛나거든 항상 잘 살펴야 한다."[明命赫然, 常目在之]는 상태일 것이다. 곧 마음이 고요할 때는 '떠오르는 태양과도 같이 환하여, 텅 비고 밝고 고요하고 전일한 상태'이며, 활동할 때는 '밝은 천명이 성대한 가운데 마음의 눈이 그곳을 떠나지 않는 상태'일 것이다.

4. 『성학십도』의 구조

퇴계는 "넓고 넓은 진리를 어디에서부터 손대기 시작하며, 천 만 가지나 되는 옛날의 가르침을 어디에서부터 공부하기 시작할 것인가?"라는 문제의식을 가지고 '성학의 큰 단서'가 되고 '심법의 지극한 요체'가 될 만한 것 열 가지를 뽑아 『성학십도』를 만들었다. 10도 자체는 작자가 다를 뿐 아니라 창작된 시대도 달라서 상호 간에 어떤 연결된 구조를 지니고 있는 것이 아니다. 대부분의 도는 그 자체가 완결된 이론체계로서 각각의 도는 그 안에 이론적 측면과 실천적 측면을 다 내포하고 있다. 이러한 측면에서 보면 10도의 연관된 구조를 따지는 것 자체가 무리일지도 모른다. 그러나 10도 각각의 특수성에 주목하여 앞뒤의 도가 서로 연결되도록 배치하고 연관된 구조로 설명한 것은 퇴계의 독창성에서 나온 것이다. 퇴계는 10도에 대하여 상이한 두 가지 구조로 나누어 설명하였다.

첫째, 퇴계는 1도~5도와 6도~10도, 즉 전반 5도와 후반 5도로 나누어 설명하였다.

둘째, 퇴계는 3도와 4도를 중심으로 하여 앞의 1·2도와 뒤의 5도~10도로 나누어 설명하였다.

금장태 교수는 전자를 철학적 구조라 하고, 후자를 교육적 구조라 하였다.[30] 전자는 성학이 가능할 수 있는 존재론적·심성론적(心性論的) 근거를 중심으로 한 설명이어서 10도를 이론적 구조의 측면에서 본 것이라 할 수 있다. 후자는「소학도」와「대학도」를 중심으로 한 설명이다.『소학』과『대학』에는 유학 교육의 전체규모가 포함되어 있다는 측면에서 보면, 이는 교육적 구조의 측면이라고 볼 수 있다. 그런데『소학』과『대학』은 유학 교육의 전체 규모라기보다는 유학이라는 실천 학문의 전체 규모로 보고 싶다 그래서 후자는 10도를 실천 학문적 구조의 측면에서 본 것이라 할 수 있다. 그러면 10도를 두 측면에서 보다 자세하게 고찰하여 보자.

1) 이론적 구조

퇴계는『십도』를 1도~5도와 6도~10도로 나누었다.

1도~5도는 "천도에 근본을 두고 있지만 공효는 인륜을 밝히고 덕업에 힘쓰게 함에 있다."고 하였다. 1도~5도의 내용을 요약하여 보자.

1도에 의하면, 만물은 우주의 근원적 원리인 '무극이태극'에서 생성되었으며, 만물은 또 이 근원적 원리를 품부받아 자신의 삶의 원리로서 내재하고 있다. 그중에서도 인간은 빼어난 기질을 타고 태어나서 이 근원적 원리를 자각하고 체득할 수 있다.

2도에 의하면, 만물은 천지를 부모로 하는 동포요 형제이다. 만물은 천지에 가득 찬 기를 품부받아 형기의 체를 이루고 천지를 이끄는 이를

---

30 금장태,「성학십도주석과 조선 후기 퇴계학의 전개」『퇴계학보』제48집에 나온다. 이 논문은『성학십도』주석에 관한 자료들을 바탕으로『성학십도』에 대한 조선 후기의 연구 상황을 개괄하고 있어서『성학십도』를 연구함에 도움이 되는 바가 크다.

품부받아 본성을 지니고 있다. 인간은 이 본성을 닦아 천지의 덕에 합치될 수 있다.

3도에 의하면, 하늘에서 부여받은 병이(秉彛), 곧 본성을 바탕으로 인간은 인륜을 실현할 수 있다. 성인은 본성을 완전히 실현한 사람으로서, 학교 교육을 통하여 모든 사람이 본성을 계발하여 인륜을 실현할 수 있는 길을 열었다.

4도에 의하면, 하늘에서 부여받은 명덕을 밝혀 스스로 지선을 실천할 수 있고 지선한 세상을 만들 수도 있다. 즉 명덕을 바탕으로 수기와 치인을 다 이룰 수 있다.

5도에 의하면, 유학의 궁리와 실천은 기본적인 인간관계의 지선한 실천을 목표로 한다.

이상을 통하여 1도와 2도는 천도와 본성의 관계, 3도와 4도는 본성과 학문과의 관계, 5도는 학문의 내용을 밝힌 것임을 알 수 있다. 학문의 내용은 바로 인륜의 지선한 실현이다.

그러므로 1도~2도는 "천도에 근본을 두고 있지만 공효는 인륜의 밝힘에 있다."고 말할 수 있다. '덕업에 힘쓰게 한다.'고 하였는데, 덕을 힘씀은 지선을 실현함에 의하여 도를 체득하여 인격을 고양시킴을 말하며, 업을 힘쓴다는 것은 덕에 의거하여 지선한 삶의 장을 넓혀가는 것이다.

다음 6도~10도에 대해서는 "심성에 근원하여 일상생활에 힘쓰게 하고, 경외심을 높이는 것이 그 요체이다."라고 하였다. 6도~10도의 내용을 요약하여 보자.

6도에서는 심·성·정의 내용과 그 관계를 밝혔다. 심은 존재론적으로 근원적인 두 요소인 이와 기의 합으로, 미발인 때는 성, 이발인 때는 정

으로 성정을 통괄한다. 그리고 몸의 주재로서 삶 전체를 주관하는 주체
이다. 따라서 몸을 중심으로 한 삶의 전체는 마음의 체인이 아니면 해명
될 방법이 없고, 마음의 주재성을 잃으면 삶도 바르게 수행될 수 없음을
알 수 있다. 경은 심의 주재성을 확립하는 방법이다. 경에 의하여 마음을
세우고[立心], 존양과 성찰공부로 이를 함양하면 정일집중(精一執中)의
성학도 존체응용(存體應用)의 심법도 그 가운데 있다고 하였다.

7도는 심에서 이의 측면만 말한 것이다. 심의 체용을 이의 체용, 즉
인의예지의 체용으로 설명하고, 인은 그 모든 것을 포괄하고 관통하는
것이라 하였다. 이의 측면에서 보면 심의 체용은 바로 인의 체용이라는
것이다. 이 인을 체득하는 방법은 공적인 삶, 즉 극기복례를 통하여 가능
하다고 하였다. 지까지도 인에 포괄된다.

8도는 심의 여러 개념과 심학의 다양한 방법을 제시하였다. 심의 개념
은 다양하지만 마음은 하나일 뿐이다. 형기에서 발하면 인심이고 성명에
근원해서 발하면 도심이다. 심학의 방법은 인욕을 막는 것과 천리를 보
존하는 것으로 나누어지며, 전자는 '마음이 동요되지 않는 상태'를 목표
로 하고 후자는 '마음이 바라는 대로 행함'을 목표로 한다. 이 두 방법은
모두 경을 중심으로 수행되어야 한다.

9도와 10도는 공간과 시간 안에서 이루어지는 삶 전체를 통하여 마음
의 주재성을 확립하는 경은 계속되어야 하며, 삶 자체가 경을 바탕으로
이루어져야 한다는 말이다. 경을 통하여 인간의 마음이 정(靜)할 때는
'솟는 해처럼 환하고 마음이 텅 비고 밝고 고요하여 전일해야' 하고, 동
(動)할 때는 '밝은 명이 환히 빛나거든 항상 잘 살펴야 하는' 상태여야
한다.

요컨대 6도와 7도는 심·성·정을 논하여, 인간의 심에 이, 곧 인·의·예·지라는 가치와 인식의 원리가 성으로 내재함을 밝혔으며, 8, 9, 10도는 거경을 바탕으로 인욕을 막고 천리를 보존함으로써 내재된 원리를 보호하고 체인하고 실현시키는 방법을 밝혔다. 그렇게 함으로써 항상 경외하고 인륜을 실현할 수 있도록 한 것이다.

1도에서 5도까지가 천도에서 인륜에로의 구조라면, 6도에서 10도까지는 심성에서 경에로의 구조로 되어 있다. 1도에서 10도를 전체적으로 보면 인륜과 경을 존재론적·심성론적 근거 위에 정초지우는 구조를 취하고 있다고 보겠다. 이러한 측면에서 보면 전체는 상호 연관된 이론적 구조를 이루고 있다.

2) 실천 학문적 구조

두 번째 설명의 중심은 「소학도」와 「대학도」이다. 소학과 대학을 학문의 전체로 보고, 앞의 1도~2도와 뒤의 5도~10도를 그와 관련하여 설명한다.

> 위의 1~2도는 단서를 찾아 확충하게 하고 천을 체득하여 도를 다하게 하는 지극한 경지로서『소학』과『대학』의 표준이자 본원이다. 아래 여섯의 도는 명선(明善)·성신(誠身)·숭덕(崇德)·광업(廣業)을 힘쓰는 곳으로『소학』·『대학』의 밭이며, 결과이다.

1도와 2도는 존재론적으로 3도와 4도의 학문이 성립할 수 있는 근원이면서, 3도와 4도의 학문을 통하여 도달될 수 있는 궁극적 지향처로서 그 표준이 된다는 것이다. '무극이태극'에서 생성된 각 개체가 부여받은 태극은, 천지를 통솔하는 것을 품부받아 이루어진 각 개체의 본성과 동일한 것으로서, 지선을 추구하는 유학의 출발점이자 원천이다. 그리고 우주의 생성변화를 포괄하는 통체(統體)로서의 '무극이태극'과 「서명」의 천지와 만물이 한 몸인 경지는 학문의 궁극처로서 학문의 표준이라는 것이다.

3도와 4도라고 하지만 『소학』은 『대학』의 기초과정으로 본격적 학문의 단계는 아니다. 『소학』이나 『대학』이 모두 인도를 추구한다는 점에서 둘이면서 하나요 하나이면서 둘이라고 한다. 그러나 『소학』은 교훈과 윤리적 덕목을 가르쳐서 선한 삶이 습관화되도록 하고 그 가운데 윤리적 심성이 함양되게 한다. 아직은 궁리를 통하여 주체적으로 선을 체인하여 실천하는 단계는 아니다. 주희는 "『대학』이 유학의 강령이며 학문의 체통(體統)이 그 안에 다 있다."[讀大學法]고 하였다. 퇴계도 『대학』을 유학의 전체규모요 강령으로 보고 있다. 3도와 4도가 중심이라고 하지만 사실은 「대학도」가 그 중심이다.

5도~10도는 3도와 4도의 밭이요, 결과라고 한다. 3도와 4도의 밭이라 함은 『대학』의 격물치지와 성의·정심·수신, 곧 명선(明善)과 성신(誠身)이 그 안에서 이루어진다는 것이다. 3도와 4도의 결과라 함은 대학의 명선과 성신의 결과인 숭덕과 광업이 그 안에서 이루어진다는 것이다.

각 도를 공부의 대상으로 보면 학문의 밭일 수 있으며, 공부의 효과라는 측면에서 보면 결과라 할 수 있을 것이다. 각 도의 내용을 검토해 보자.

6도는 심·성·정을 밝혀 명선과 성신의 심성적 기초를 밝혔다는 의미에서 보면 학문의 밭이다. 그러나 하도를 '이발기수'(理發氣隨), '기발리 승'(氣發理乘)의 상태로 순선무악이 실현된 경지로 보면, 결과라 할 수도 있다.

7도는 이의 입장에서 마음의 체용을 곧 인의 체용이라 하였다.「인설 도」도 인을 체득해야하는 입장에서 보면 밭이나, 이를 온전하게 체득하 여 인을 실현한 입장에서 보면 결과이다.

8도는 인욕을 막고 천리를 보존하는 입장에서 보면 밭이요, 마음이 동요되지 않는 상태와 마음이 바라는 대로 행함의 입장에서 보면 결과 이다.

9도와 10도는 표리와 동정이 모두 공부해야 하는 처지요, 새벽에 일어 나서부터 잠들 때까지가 모두 공부를 떠날 수 없는 순간이란 점에서는 학문의 밭이다. 그러나 10도의 '솟는 해처럼 환하고 마음이 텅 비어 밝고 고요하여 전일한 것'과 '밝은 명이 환히 비추거든 항상 잘 살펴야 한다'는 학문의 결과라 하겠다.

이상 성학십도를 실천 학문적 구조의 입장에서 보면, 1도와 2도는 3 도와 4도의 표준과 본원이며, 5도~10도는 3도와 4도의 밭이며 결과이 다. 이것을 통하여 3도와 4도, 그중에서도 본격적 학문체계인「대학도」 는『성학십도』를 총괄할 수 있는 학문적 체계임을 알 수 있다. 그러나 『대학』의 8조목 중 제가·치국·평천하 부분은『성학십도』에 포함되어 있지 않다. 격물·치지·성의·정심·수신 곧 명선(明善)과 성신(誠身)으로 대표될 수 있는 명덕(明德)을 밝혀 지선(至善)에 머무르는 것만이 취급되 었다. 개인의 인격수양을 통하여 한 개인이 지선에 머무르는 방법만이 취급된 것이다. 유학을 수기·치인의 학으로 볼 때 그중 수기만을 다루었다. 그래서 실천 학문적 구조에서 보면 『성학십도』는 수기 이론의 결정(結晶)이라고 할 수 있다.

5. 성학의 방법

『대학』의 내용이 유학에서 말하는 학문의 전체규모이며, 『성학십도』가 「대학도」를 중심으로 삼아 설명될 수 있음을 보았다. 퇴계가 「대학도」를 성학의 중심으로 생각하였다면 그가 주장하는 성학의 방법도 『대학』의 방법론과 크게 다르지 않을 것이라고 짐작할 수 있다. 『대학』의 공부는 격물치지라는 지의 측면과 성의·정심·수신이라는 행의 측면으로 나누어짐을 앞에서 보았다. 지는 지선이 있는 곳을 아는 것을 목표로 하며, 행은 지선에 머무르는 것을 목표로 한다. 지와 행에서 순서로 보면 지가 앞서지만, 이 둘은 목표점에 도달할 때까지 상호 병진해야 함을 앞에서 보았다.

퇴계의 성학 방법은 『성학십도』의 서문인 「진성학십도차」(進聖學十圖箚)에 간명하게 서술되고 있다. 그 내용에 의거하여 성학의 방법을 알아보자.

퇴계는 생각[思]을 중시한다. 맹자가 말한 "생각하면 얻고, 생각하지 않으면 얻지 못한다."[31]와 『서경』 「홍범」의 "생각의 덕은 지혜로움인데, 지혜롭게 되면 사리에 통달[聖]하게 된다."[32]를 인용하여 생각의 중요성

---

[31] 『맹자』 「고자상」 15장에 나온다. "心之官則思, 思則得之, 不思則不得也."

[32] "思曰睿, 睿作聖."

을 강조한다. 그는 『맹자』와 『서경』의 말을 인용하여 생각하면 도를 얻게 되고, 또 생각하면 지혜롭게 되어 도에 통달하게 된다고 말하고 있다. 『맹자』와 「홍범」에서 이와 같이 말하였는데, 오늘날이라고 불가능하겠느냐고 반문한다. 물론 생각의 대상은 지선이다.

> 마음은 가슴에 간직되어 있지만 허령하다. 이는 도서에 드러나 매우 뚜렷하고 참되다. 지극히 허령한 마음으로 매우 뚜렷하고 참된 이를 추구한다면 얻지 못할 까닭이 없다. 생각해서 얻고 지혜로워져서 통달함[聖]이 오늘날이라고 어찌 징험하기 부족하겠는가.[33]

　유학은 실천을 중시한다. 중시한다기보다도 바로 실천을 위한 학문이다. 생각의 목적이 도를 알기 위한 것이라면 이 앎은 실천에 의해 완전한 자기의 것이 된다. 실천을 위해서는 몸에 익히는[習] 과정이 필요하다. 학이라는 의미도 유학에서는 실천적으로 본받는다는 의미로 사용하였다. '학이시습지 불역열호'(學而時習之 不亦說乎)의 '학'(學)이라는 글자를 주희가 '본받음'[效]이라고 주해[34]하고 있는 것을 통해서도 이를 확인할 수 있다. 퇴계는 "학이란 그 일을 익혀 참으로 실천하는 것이다."[35]라고 하여 학과 습을 거의 같은 의미로 '생각'[思]에 대응되는 실천공부로 파악한다. 공자는 "배우고 생각하지 않으면 얻는 것이 없고, 생각하고 배우지 않으면 행동이 위태롭다."[36]고 하였다. 이때 배운다는 의미는 익힌다는

---

33 "夫心具於方寸, 而至虛至靈, 理著於圖書而至顯至實. 以至虛至靈之心, 求至顯至實之理, 宜無有不得者, 則思而得之, 睿而作聖, 豈不足以有徵於今日乎!"

34 주희, 『논어집주』 「학이」 제1장에 나온다.

35 "學也者, 習其事而眞踐履之謂也."

것과 같은 의미이며 공자의 이 말은 생각과 실천공부의 상호 보완적 관계를 의미한다. 퇴계는 공자의 말을 인용한 다음 생각과 실천의 중요성과 상호 보완적 관계를 이렇게 설명한다.

> 성학은 마음에서 찾지 않으면 어두워 얻음이 없으므로 생각해서 은미한 곳까지 통달하게 해야 한다. 그 일을 익히지[習] 않으면 위태로워 불안하므로 배워서[學] 실천해야 한다. 생각과 실천공부는 서로 발명하고 도움이 되는 것이다.[37]

퇴계는 생각과 실천의 관계에 대하여 지행병진의 입장을 취하고 있음을 볼 수 있다. 이것은 결국 「대학도」의 방법론을 그대로 계승한 것이라 할 수 있다. 생각은 『대학』의 격물치지이며 실천공부는 성의·정심·수신이다. 다가하시 쓰쓰무(高橋進) 교수가 「이퇴계 사상의 체계적 구성」에서 퇴계의 성학 방법이 "『대학』의 격물치지론에 해당된다."[38]고 한 것은 생각과 배움, 즉 인식과 실천이 퇴계의 학문방법의 두 기둥이자 유학 자체의 두 기둥임을 간과한 말이다.

그러면 "『성학십도』는 모두 경을 중심으로 삼았다."고 할 정도로 중시된 경은 성학 방법에서 어떤 위치를 차지하는 것일까?

「심학도설」의 "심은 일신의 주재이며 경은 일심의 주재이다."[39] 『대학

---

36 『논어』「위정」15장에 나온다. "學而不思則罔, 思而不學則殆."

37 "蓋聖門之學, 不求諸心, 則昏而無得, 故必思而通其微. 不習其事, 則危而不安, 故必學而踐其實. 思與學, 交相發而互相益也."

38 高橋進, 「이퇴계 사상의 체계적 구성」, 『이퇴계와 경의 철학』(일본, 東洋書院, 1985), 169쪽을 참조.

혹문』의 "경 한 글자는 성학의 시작과 끝이 된다."[40]와 "경은 일심의 주재이며 만사의 근본이다."[41] 등의 경에 대한 파악은 성리학 일반에 공통된다. 그리고 경의 방법으로 정이천의 주일무적·정제엄숙과 윤화정(尹和靖)의 수렴신심, 사상채(謝上蔡)의 상성성 등을 받아들이는 것도 역시 일반적이다. 이러한 바탕 위에 퇴계의 경에 대한 견해는 다음과 같이 압축된다.

> 경은 생각과 배움에 다 요구되며, 움직일 때나 고요히 있을 때나 일관하여 요구되는 태도로서 인간의 안과 밖을 합치시키는 것이며 마음의 원리[微]와 현상[顯]을 통일시켜 주는 것이다.[42]

경은 일심의 주재이다. 그리고 심은 일신의 주재이다. 일신에서 일어나는 지각·동정·어묵(語默) 일체 현상의 주체가 마음이기 때문에 마음의 주재성, 주체성을 유지하려는 경이 중시된다.

퇴계의 경에 대한 강조는 「심통성정도」에서 보았듯이 심의 중요성을 통하여 이해해야 한다. 인간의 일신에 일어나는 인식과 실천, 활동과 정지, 독서와 휴식 등 일체의 삶의 주인이 바로 마음이다. 마음이 흐트러지고서는 이루어 질 수 있는 일이 하나도 없다. 더구나 심은 존재론적으로도 존재의 두 근원인 이와 합해서 된 것이어서 심의 체인이 이학에서의 이의 체인을 위하여 필연적으로 요청된다. 그래서 생각과 배움에도 동과

---

39 "心者, 一身之主宰, 而敬又一心之主宰也."

40 "敬之一字, 聖學之所以成始而成終者也."

41 "敬者, 一心之主宰, 而萬事之本根也."

42 "特敬者, 又所以兼思學, 貫動靜, 合內外, 一顯微之道也."

정에도 경이 요청된다. 경으로 생각하고 실천함에 의하여 안과 밖을 합할 수 있고, 경이 동과 정에 일관함을 통하여 드러남과 은미함을 하나로 할 수 있는 것이다. 인간의 삶은 경을 떠나면 이미 주체적 삶이 못된다고 할 수 있다. 경은 인간의 주체인 마음을 마음자리에서 벗어나지 않게 함이기 때문이다. 그래서 경은 인간의 마음과 행동, 마음의 원리와 현상을 합치시키고 통일시켜, 인간으로 하여금 전체적인 자기 동일성을 유지하게 하는 실천적 방법이다.

경의 중요성을 이토록 강조한 다음 퇴계는 모든 사람이 성인인 순과 같이 될 수 있는 방법을 요약하여 제시한다.

제시된 첫째 방법은 「심통성정도」의 설명에서 퇴계가 말한 경을 바탕으로 한 궁리·존양·성찰이며, 또 하나의 방법은 앞에 설명한 경을 바탕으로 한 생각과 학문이다. 각각의 내용은 이미 설명되었으므로 생략한다. 요컨대 퇴계의 성학방법은 거경·궁리·존양·성찰과 거경·생각·배움의 두 가지로 압축된다. 이 두 가지 방법에 입각하여 아침저녁, 오늘내일, 계속해서 노력하면 다음 장에서 설명되는 학문의 공효가 나타난다고 한다.

6. 성학의 공효

지경(持敬)의 상태로 궁리하여 존양·성찰하고 지경의 상태로 생각하고 배우는 성학을 통하여 나타나는 공효는 어떤지 살펴보자.

「십도차」에서 퇴계는 그 공효를 3단계로 나누어 설명한다.

[1단계] 처음에는 서로 끌어당기고 모순되는 근심이 있고, 때로는 매우 괴롭고 쾌활하지 못한 병통이 있을 것입니다.[43]

주의가 산만하기 쉬운 마음을 항상 수습하여, 선이 무엇이며 선이 어디에 있는가를 끊임없이 추구하고, 이해된 선을 조금씩 실천해 나가는 것이 바로 성학 공부다. 마음이 쉽사리 수습될 수 없고 선이 쉽게 찾아지지 않으며 찾아도 실천하려고 하면 온갖 세상의 이해관계와 자신의 몸에 벤 습관 등에 의해 방해받게 된다. 마음은 흔들리고 의식은 분열되며 행동은 앞뒤가 모순되기도 할 것이니 기분이 상쾌할 수 없다. 선의 인식을 통하여 인식된 선을 실천하려면 자신의 의식 속에 있는 모든 관념은 마음의 재심사를 받아야 하며, 자신의 습성과 기질마저도 변화되어야 한다. 첫 단계는 바로 이러한 어려움이 마음과 몸에 나타난 결과이다. 그러나 이러한 어려움은 바로 선에 대한 인식과 실천의 단초가 된다. 퇴계는 이에 대하여 "장차 크게 진전할 기미이며 좋은 소식을 얻게 될 단초이다."[44]라고 하였다. 공부를 포기하지 아니하고 더욱 믿고 격려하며 진실을 많이 쌓고 노력을 오래 하면 2단계가 나타난다고 하였다.

[2단계] 자연스럽게 심과 이가 서로 함양되어 자신도 모르는 사이에 환히 꿰뚫듯 이해하게 되고 실천공부[習]와 일[事]이 서로 익숙하여져서 점차 순탄하고 편안하게 실천할 수 있을 것입니다. 처음에는 한 가지씩 공부하였는데, 이제는 모든 것이 하나의 근원과 만나게 될 것입니다.[45]

---

43 "其初猶未免或有掣肘矛盾之患, 亦時有極辛苦不快活之病."

44 "此乃古人所謂將大進之幾, 亦爲好消息之端."

「심통성정도」에서 마음은 이와 기가 합한 것임을 보았다. 인간 및 사물과의 관계를 통하여 지선을 인식하고 실천하는 가운데 마음도 함양되고 마음의 본성인 이도 함양되어 마음과 이를 환하게 체득하게 된다는 것이다. 마음과 이가 함양되면 실천공부도 괴롭게 노력하는 자기극복의 단계를 넘어서게 된다. 습관과 기질을 통하여 형성된 자아가 주인인 상태가 아니라, 선의 인식과 실천을 통하여 새롭게 형성된, 아니, 새롭게 형성되었다기보다는 비로소 각성된 본래적 자아가 자신의 주인이 될 것이며, 그러면 새로운 주체에 의해 삶이 이루어질 것이다. 퇴계는 이 단계를 맹자가 말한 "도에 의하여 깊이 나아가 도를 자득한 경지"[46] 또는 역시 맹자가 말한 "선한 마음이 내면에서 우러나면 공부를 어떻게 그만둘 수 있겠느냐."[47]의 경지라고 한다. 이 경지는 도를 알고 도를 좋아하는 단계를 넘어서 도를 즐기는 단계로 접어든 경지라고 하겠다. 여기서 또 좋아하고 즐기기를 계속하여 능력을 다하게 되면 세 번째 단계로 넘어간다고 한다.

　　[3단계] 석 달 동안 인을 어기지 않는다는 안자(顔子)의 마음과 같이 되어 나라를 다스리는 일도 그 가운데서 얻게 될 것입니다. 충서(忠恕)로 일관됨을 깨달은 증자(曾子)와 같이 되어 도를 전할 책임이 자신에게 있게 될 것입니다. 일상생활에서 외경이 떠나지 아나하여 중화를 이루어 천지의 질서가 잡히고 만물이 화육되는 공도 이룰 수 있을 것입니다. 덕

---

45 "自然心與理相涵, 而不學其融會貫通, 習與事相熟, 而漸見其坦泰安履. 始者各專其一, 今乃克協于一."

46 『맹자』 「이루하」 14장에 나온다. "君子深造之以道, 欲其自得之也."

47 "樂則生矣. 生則烏可已也."

행이 윤리를 벗어나지 아니하여 천일합일의 묘함을 얻게 될 것입니다.[48]

성학은 성인이 되기 위한 공부라고 하였다. 그러면 성학의 최종 단계는 당연히 성인일 것이다. 그런데 여기서 공자를 일컫지 아니하고 안자와 증자만 말한 이유는 무엇일까? 공부를 통해서 도달할 수 있는 최종의 단계는 아성(亞聖)의 경지인 안자와 증자에서 그치고 그 다음 단계는 여지로 남겨둔 것인가? 맹자는 "대인으로 질적 변화를 이룬 사람을 성인이라 부른다."[49]고 하였다. 질적 변화는 공부가 쌓여서 양의 축적을 통하여 이루어진다고는 하지만 인위적으로 되는 것은 아닐 것이다. 그러한 의미에서 성인을 목표로 하면서 성인에 대한 언급은 피하지 않았나 생각된다. 그러나 중화를 이루어 천지의 질서가 잡히고 만물이 화육된다는 경지나, 자연과 인간이 합일되는 경지가 인격의 질적 변화를 이룬 성인의 경지가 아니고야 가능할 수 있을는지 모르겠다. 그래서 이 제3단계의 경지는 성인에 가까운 경지 내지는 성인의 경지라 하겠다.

성학은 사변적 학문도 아니요 대상 분석적 학문도 아니지만 거경을 바탕으로 궁리·실천·체인의 방법에 입각하여 진리를 탐구하고 실천하며 체득하여 진리와 합일되는 공효를 이룬다. 사변적 학문이 존재와 접합함이 없어 공허하고, 대상 분석적 학문이 존재를 현상적으로만 인식하여 객체와 주체가 분리된다면, 성학은 실천적 방법을 통하여 존재를 내면에서부터 체인하여 궁극적으로는 전체 존재인 자연과의 합일을 이룬

---

48 "顔子之心不違仁, 而爲邦之業在其中. 曾子之忠恕一貫, 而傳道之責在其身. 畏敬不離乎日用, 而中和位育之功可致. 德行不外乎彝倫, 而天人合一之妙斯得矣."

49 『맹자』「진심하」25장에 나온다. "大而化之之謂聖"

다고 하겠다.

7. 맺음말

이상의 연구를 정리하면 이러하다.

■ 존재를 이해하는 방법에는 두 가지가 있다. 존재의 외면에서부터 이해하는 방법과 내면에서부터 이해하는 방법이다. 과학적 방법이 전자에 속한다면 동양철학적 방법 특히 성리학적 방법은 후자에 속한다. 『성학십도』는 성리학의 대표적 작품들을 뽑아서 성리학, 곧 성학의 이론체계와 실천적 방법을 보여준다.

■ 성학이란 성인이 되기 위한 학문이다. 성인은 지선한 삶의 도를 지속적으로 닦아 인격의 질적 변화를 이루어 덕이 전체 존재인 자연과 합일된 자다.

■『성학십도』의 내용은 이론적 구조와 실천 학문적 구조라는 두 측면에서 상호 연관 지어 설명될 수 있다. 이론적 구조의 측면에서 보면, 1도~5도는 천도에서 시작하여 인도로 향하고 있다. 실천 학문적 구조의 측면에서 보면 「소학도」와 「대학도」를 중심으로 1도와 2도는 그것의 표준과 본원이며 5도~10도는 그것의 밭이며 결과이다. 『성학십도』는 성학의 이론적 구조와 실천 학문적 구조라는 두 측면을 조화롭게 체계화시켜 인간이 일상생활에서 인도, 곧 지선한 삶·윤리적 삶을 실현할 수 있는 이론적 구조와 실천 학문적 방법을 보여주고 있다.

■ 성학의 방법은 심·성·정의 측면에서는 거경·궁리·존양·성찰, 학

문의 측면에서는 거경·인식·실천이라는 두 가지가 있다.

■ 성학의 공효는 지선의 인식과 실천이 진전되어 궁극적으로는 전체 존재인 자연과 합일하게 됨이다.

요컨대 성학이란 거경·궁리·존양·성찰 또는 거경·인식·실천의 방법에 의하여 지선을 인식하고 실천함으로써 궁극적으로는 천인합일의 삶을 사는 성인이 되기 위한 학문이다. 『성학십도』는 이러한 성학을 이론적 구조와 실천 학문적 구조라는 측면에서 체계적으로 설명해 주고 있다.

그런데 문제는 수기의 학인 성학이 어떻게 과학과 대비되는 존재 이해의 학문이 될 수 있을까 하는 것이다.

선을 인식하고 실천함에 따라서 설사 가치의 원리와 윤리 문제는 해명할 수 있을지언정 존재의 참모습 자체와 그 참모습에 대한 인식 가능성의 문제를 어떻게 해결할 수 있는가 하는 것이다.

여기에 대한 대답은 이러하다. 가치의식과 가치현상은 존재의 근원에서 나오는 것으로 가치의 인식과 실천을 통하여 존재의 근원적으로 체득된다. 존재의 근원적 체득을 통하여 존재는 본래성이 회복되며, 개인이 존재로서의 본래성이 회복됨과 동시에 존재 전체와의 유기적 관계도 온전하여진다. 존재 전체와의 유기적 관계도 온전하여지게 되면 개인은 이미 개체의 단계를 넘어서게 된다. 이러한 경지가 바로 존재 전체인 자연과의 합일, 곧 천인합일의 경지다. 존재 전체인 자연과의 합일을 바탕으로 존재에 대한 이해는 자신의 본성에 대한 이해에서 타인의 본성 이해, 다른 사물의 본성 이해로 확대되어 나간다. 『중용』에서는 그와 같은 인식의 확대 논리를 다음과 같이 말한다.

세상에서 지극히 성실한 사람만이 자신의 본성을 다 할 수 있다. 자신의 본성을 다 할 수 있으면, 남의 본성을 다 할 수 있다. 남의 본성을 다 할 수 있으면 사물의 본성을 다 할 수 있다. 사물의 본성을 다 할 수 있으면 자연의 조화 발육을 도울 수 있다. 자연의 조화 발육을 도울 수 있으면 천지와 같은 대열에 참여할 수 있다.[50]

　유학의 논리는 수기에서 시작하여 자연의 조화를 돕는 데에 이르러 이론과 실천의 극치를 이룬다. 『역』「계사」의 "신묘함을 궁구하고 조화를 아는 것은 덕의 성대함을 통해서이다."[窮神知化 德之盛也]도 결국 덕을 성대하게 닦아 자연의 뜻[神]을 알고 자연의 조화를 알아서, 자연의 사업인 자연의 조화를 돕는 것을 설명한 말이다. 요컨대 선의 인식·실천 수준과 비례하여 타인과 다른 사물에 대한 인식 수준도 높아지며, 나아가서는 자연의 뜻과 자연의 조화 현상까지도 알게 된다는 것이다. 이상의 과정을 통하여 존재의 참모습에 대한 인식 수준도 높아지며, 나아가서는 자연의 뜻과 자연의 조화 현상까지도 알게 된다는 것이다. 이상의 과정을 통하여 존재의 참모습에 대한 인식 가능성의 문제는 저절로 해소될 것이다. 필자는 이러한 존재 이해 논리의 실현성을 믿는다.
　내면에서부터 존재를 이해한다고 함은 결국 선의 인식과 실천을 통하여 자신의 본성을 체인하는 것에서 시작하여, 자연의 조화 현상에 이르기까지 존재를 전체적으로 이해하는 것을 말한다.
　필자는 과학적 방법에 의하여 존재를 외부에서부터 이해하는 방법을

---

50 『중용』 제22장에 나온다. "唯天下至誠, 爲能盡其性, 能盡其性, 則能盡人之性. 能盡人之性, 則能盡物之性. 能盡物之性, 則可以贊天之之化育. 可以贊天地之化育, 則可以與天地參矣."

무시하거나 배제하는 것은 결코 아니다. 과학적 방법만이 존재 이해의 유일한 방법이라는 주장에는 반대하지만, 존재의 내면으로부터 시작하여 자연 현상까지를 일관되게 설명함이 얼마나 어려운 일인가도 안다. 그러나 인간은 존재 자체로서의 삶을 살고 있기 때문에 외부의 현상에 대해서는 현상적으로 이해하더라도 자신에 대해서는 본질적 이해를 하며 살아야 한다. 외부세계에 대하여 현상에 바탕한 사실판단을 함과 동시에 내면에 바탕한 가치판단에 의한 결단을 통하여 삶은 이루어져 나간다. 일상적 삶은 존재를 외면으로부터 이해하는 것과 내면으로부터 이해하는 것이 하나로 만나서 통일됨을 통하여 이루어진다는 것이다. 존재에 대한 원융한 이해도 내면으로부터의 이해와 외면으로부터의 이해가 만남을 통하여 가능하리라고 믿는다.

　과학이 전통적 동양철학, 특히 수기의 학인 성학과의 만남을 통하여 존재는 내면과 외면으로부터 동시에 이해될 수 있다고 믿는다. 존재의 온전한 모습이 이해됨과 동시에 현대문화는 새로운 장을 열게 될 것이다. 『성학십도』는 존재를 내면으로부터 이해하려는 사람에게 좋은 길잡이가 될 것이라고 생각한다.

『聖學十圖』
原文

進聖學十圖箚 [并圖]

　　判中樞府事臣李滉。謹再拜上言。臣竊伏以道無形象。天無言語。自河洛圖書之出。聖人因作卦爻。而道始見於天下矣。然而道之浩浩。何處下手。古訓千萬。何所從入。聖學有大端。心法有至要。揭之以爲圖。指之以爲說。以示人入道之門。積德之基。斯亦後賢之所不得已而作也。而況人主一心。萬幾所由。百責所萃。衆欲互攻。群邪迭鑽。一有怠忽。而放縱繼之。則如山之崩。如海之蕩。誰得而禦之。古之聖帝明王。有憂於此。是以。兢兢業業。小心畏愼。日復一日。猶以爲未也。立師傅之官。列諫諍之職。前有疑後有丞。左有輔右有弼。在輿有旅賁之規。位宁有官師之典。倚几有訓誦之諫。居寢有暬御之箴。臨事有瞽史之導。宴居有工師之誦。以至盤盂, 几杖, 刀劍, 戶牖。凡目之所寓。身之所處。無不有銘有戒。其所以維持此心。防範此身者。若是其至矣。故德日新而業日廣。無纖過而有鴻號矣。後世人主。受天命而履天位。其責任之至重至大爲如何。而所以自治之具。一無如此之嚴也。則其憪然自聖。傲然自肆於王公之上。億兆之戴。終歸於壞亂殄滅。亦何足怪哉。故于斯之時。爲人臣而欲引君當道者。固無所不用其心焉。若張九齡之進金鑑錄。宋璟之陳無逸圖。李德裕之獻丹扆六箴。眞德秀之上豳風七月圖之類。其愛君憂國拳拳之深衷。陳善納誨懇懇之至意。人君可不深念而敬服也哉。臣以至愚極陋。辜恩累朝。病廢田里。期與草木同腐。不意虛名誤達。召置講筵之重。震越惶恐。辭避無路。旣不免爲此叨冒。則是勸導聖學。輔養宸德。以期致於堯舜之隆。雖欲辭之以不敢。何可得也。顧臣學術荒疎。辭辯拙訥。加以賤疾連仍。入侍稀罕。冬

寒以來。乃至全廢。臣罪當萬死。憂慄罔措。臣竊伏惟念當初上章論學
之言。旣不足以感發天意。及後登對屢進之說。又不能以沃贊睿猷。微
臣悃愊。不知所出。惟有昔之賢人君子。明聖學而得心法。有圖有說。
以示人入道之門。積德之基者。見行於世。昭如日星。玆敢欲乞以是進
陳於左右。以代古昔帝王工誦器銘之遺意。庶幾借重於旣往。而有益
於將來。於是。謹就其中揀取其尤著者。得七焉。其心統性情。則因程
圖。而附以臣作二小圖。其三者。圖雖臣作。而其文其旨。條目規畫。一
述於前賢。而非臣創造。合之爲聖學十圖。每圖下。輒亦僭附謬說。謹
以繕寫投進焉。第緣臣惻寒纏疾之中。自力爲此。眼昏手顫。書未端
楷。排行均字。竝無准式。如蒙勿却。乞以此本。下諸經筵官。詳加訂
論。改補差舛。更令善寫者精寫正本。付之該司。作爲御屛一坐。展之
淸燕之所。或別作小樣一件粧貼爲帖。常置几案上。冀得於俯仰顧眄
之頃。皆有所觀省警戒焉。則區區願忠之志。幸莫大焉。而其義意有所
未盡者。臣請得而申言之。竊嘗聞之。孟子之言曰。心之官則思。思則
得之。不思則不得也。箕子之爲武王陳洪範也。又曰。思曰睿。睿作聖。
夫心具於方寸。而至虛至靈。理著於圖書。而至顯至實。以至虛至靈之
心。求至顯至實之理。宜無有不得者。則思而得之。睿而作聖。豈不足
以有徵於今日乎。然而心之虛靈。若無以主宰。則事當前而不思。理之
顯實。若無以照管。則目常接而不見。此又因圖致思之不可忽焉者然
也。抑又聞之。孔子曰。學而不思則罔。思而不學則殆。學也者。習其事
而眞踐履之謂也。蓋聖門之學。不求諸心。則昏而無得。故必思以通其
微。不習其事。則危而不安。故必學以踐其實。思與學。交相發而互相
益也。伏願聖明深燭此理。先須立志。以爲舜何人也。予何人也。有爲
者亦若是。奮然用力於二者之功。而持敬者。又所以兼思學。貫動靜。
合內外。一顯微之道也。其爲之之法。必也存此心於齋莊靜一之中。窮

此理於學問思辨之際。不睹不聞之前。所以戒懼者愈嚴愈敬。隱微幽
獨之處。所以省察者愈精愈密。就一圖而思。則當專一於此圖。而如不
知有他圖。就一事而習。則當專一於此事。而如不知有他事。朝焉夕焉
而有常。今日明日而相續。或紬繹玩味於夜氣清明之時。或體驗栽培
於日用酬酢之際。其初猶未免或有掣肘矛盾之患。亦時有極辛苦不快
活之病。此乃古人所謂將大進之幾。亦爲好消息之端。切[1]毋因此而自
沮。尤當自信而益勵。至於積眞之多。用力之久。自然心與理相涵。而
不覺其融會貫通。習與事相熟。而漸見其坦泰安履。始者各專其一。今
乃克恊于一。 此實孟子所論深造自得之境。生則烏可已之驗。又從而
俛焉孳孳。旣竭吾才。則顏子之心不違仁。而爲邦之業在其中。曾子之
忠恕一貫。而傳道之責在其身。畏敬不離乎日用。而中和位育之功可
致。德行不外乎彝倫。而天人合一之妙斯得矣。是其爲圖爲說。僅取敍
陳於十幅紙上。思之習之。只做工程於平日燕處。而凝道作聖之要。端
本出治之源。悉具於是。惟在天鑑留神加意。反復終始。勿以輕微而忽
之。厭煩而置之。則宗社幸甚。臣民幸甚。臣不勝野人芹暴之誠。冒瀆
宸嚴。輒以爲獻。惶懼屏息。取進止。

1　‘切’자는 ‘絕’자의 의미로 새겨야 한다.

第一　太極圖

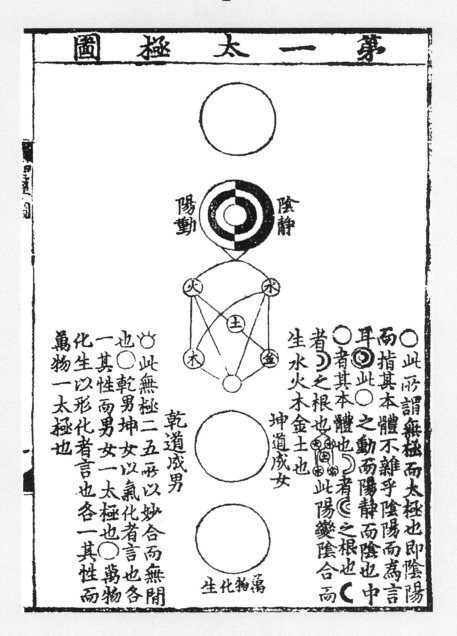

陽動　　陰靜

乾道成男

坤道成女

萬物化生

○此所謂無極而太極也即陰陽
而指其本體不雜乎陰陽而為言
耳此○之動而陽靜而陰也
者之根也此○之根也
生水火木金土也
此○之本體也○者其本也
此陽變陰合而

☽此無極二五所以妙合而無間
也○乾男坤女以氣化者言也○萬物
一也其性而男
○一太極也○萬物
化生以形化者言也各一其性而
萬物一太極也

第一太極圖

無極而太極。太極動而生陽。動極而靜。靜而生陰。靜極復動。一動一靜。互爲其根。分陰分陽。兩儀立焉。陽變陰合。而生水火木金土。五氣順布。四時行焉。五行一陰陽也。陰陽一太極也。太極本無極也。五行之生也各一其性。無極之眞。二五之精。妙合而凝。乾道成男。坤道成女。二氣交感。化生萬物。萬物生生。而變化無窮焉。惟人也得其秀而最靈。形旣生矣。神發知矣。五性感動。而善惡分。萬事出矣。聖人定之以中正仁義而主靜。立人極焉。故聖人與天地合其德。日月合其明。四時合其序。鬼神合其吉凶。君子修之。吉。小人悖之。凶。故曰。立天之道。曰陰與陽。立地之道。曰柔與剛。立人之道。曰仁與義。又曰。原始反終。故知死生之說。大哉易也。斯其至矣。

朱子曰。圖說首言陰陽變化之原。其後卽以人所稟受明之。自惟人也得其秀而最靈。純粹至善之性也。是所謂太極也。形生神發。則陽動陰靜之爲也。五性感動。則陽變陰合。而生水火木金土之性也。善惡分。則成男成女之象也。萬事出。則萬物化生之象也。至聖人定之以中正仁義而主靜。立人極焉。則又有得乎太極之全體。而與天地混合無間矣。故下文又言天地日月四時鬼神四者無不合也。又曰。聖人不假修爲而自然也。未至此而修之。君子之所以吉也。不知此而悖之。小人之所以凶也。修之悖之。亦在乎敬肆之間而已矣。敬則欲寡而理明。寡之又寡。以至於無。則靜虛動直。而聖可學矣。

○右濂溪周子自作圖幷說。平巖葉氏謂此圖。卽繫辭易有太極。是生兩儀。兩儀生四象之義。而推明之。但易以卦爻言。圖以造化言。朱

子謂此是道理大頭腦處。又以爲百世道術淵源。今玆首揭此圖。亦猶
近思錄以此說爲首之意。蓋學聖人者。求端自此。而用力於小大學之
類。及其收功之日。而遡極一源。則所謂窮理盡性。而至於命。所謂窮
神知化。德之盛者也。

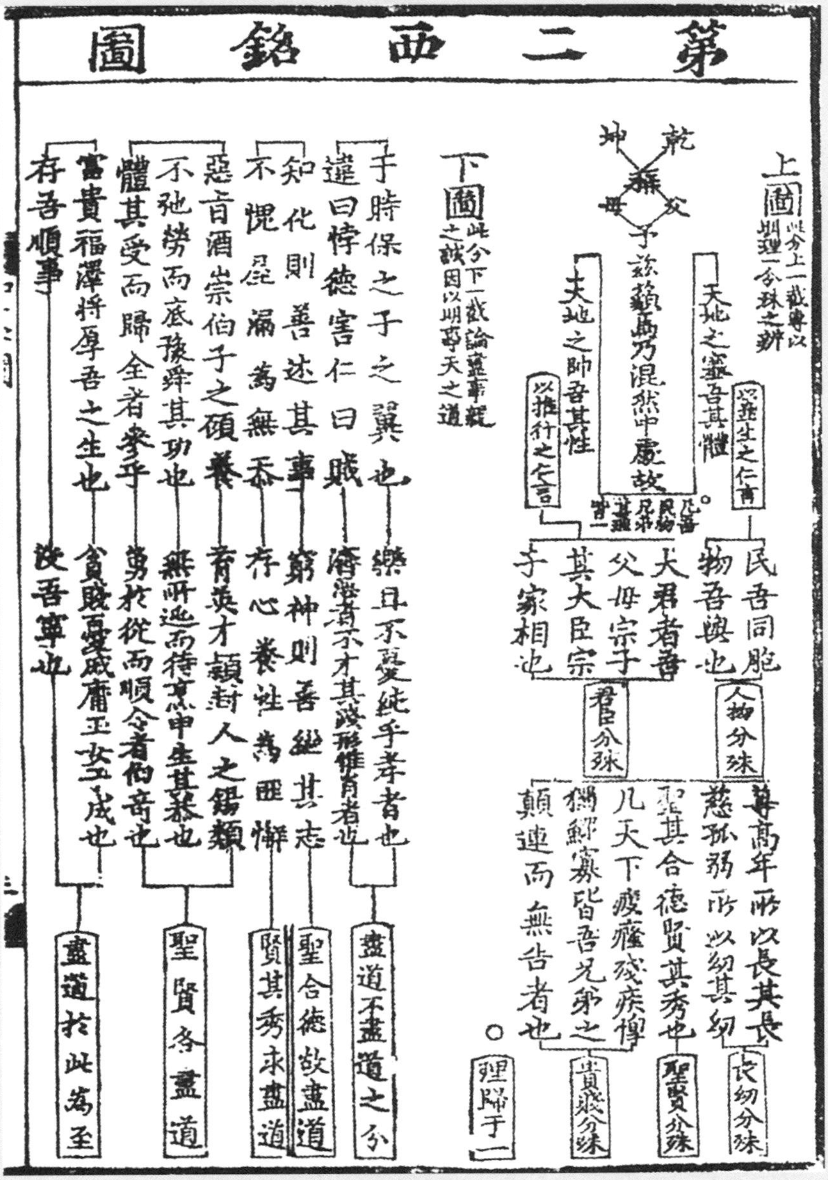

2

第二西銘圖

上圖 此分上一截傳以明理一分殊之辨

乾父　坤母
于茲藐焉乃混然中處故

天地之塞吾其體
天地之帥吾其性　以推行之令言

民吾同胞
物吾與也

大君者吾父母宗子
其大臣宗子之家相也

慈孤弱以幼其幼
聖其合德賢其秀也
獨鰥寡煢皆吾兄弟之顛連而無告者也

詩切分殊
聖賢分殊
貴賤分殊

凡天下疲癃殘疾

每高年而以長其長

理歸于一

下圖 此分下一截論道事觀之誠因以明事天之道

于時保之子之翼也
樂且不憂純乎孝者也

違曰悖德害仁曰賊
濟惡者不才其踐形惟肖者也

知化則善述其事
窮神則善繼其志

不愧屋漏為無忝
存心養性為匪懈

惡旨酒崇伯子之顧養
育英才穎封人之錫類

體其受而歸全者參乎
勇於從而順令者伯奇也

不弛勞而底豫舜其功也
無所逃而待烹申生其恭也

富貴福澤將厚吾之生也
貧賤憂戚庸玉汝於成也

存吾順事
沒吾寧也

盡道不盡道之分
賢其秀永盡道
聖合德故盡道
聖賢各盡道
盡道於此為至

第二西銘圖

乾稱父。坤稱母。予茲藐焉。乃混然中處。故天地之塞。吾其體。天地之帥。吾其性。民吾同胞。物吾與也。大君者。吾父母宗子。其大臣。宗子之家相也。尊高年。所以長其長。慈孤弱。所以幼其幼。聖其合德。賢其秀也。凡天下疲癃殘疾惸獨鰥寡。皆吾兄弟之顚連而無告者也。于時保之。子之翼也。樂且不憂。純乎孝者也。違曰悖德。害仁曰賊。濟惡者。不才。其踐形。惟肖者也。知化則善述其事。窮神則善繼其志。不愧屋漏爲無忝。存心養性爲匪懈。惡旨酒。崇伯子之顧養。育英才。穎封人之錫類。不弛勞而底豫。舜其功也。無所逃而待烹。申生其恭也。體其受而歸全者。參乎。勇於從而順令者。伯奇也。富貴福澤。將厚吾之生也。貧賤憂戚。庸玉女于成也。存吾順事。沒吾寧也。

朱子曰。西銘。程子以爲明理一而分殊。蓋以乾爲父。坤爲母。有生之類無物不然。所謂理一也。而人物之生。血脈之屬。各親其親。各子其子。則其分亦安得而不殊哉。一統而萬殊。則雖天下一家。中國一人。而不流於兼愛之蔽。萬殊而一貫。則雖親疎異情。貴賤異等。而不梏於爲我之私。此西銘之大旨也。觀其推親親之厚。以大無我之公。因事親之誠。以明事天之道。蓋無適而非所謂分立而推理一也。又曰。銘前一段如碁盤。後一段如人下碁。

○龜山楊氏曰。西銘。理一而分殊。知其理一。所以爲仁。知其分殊。所以爲義。猶孟子言親親而仁民。仁民而愛物。其分不同。故所施不能無差等耳。○雙峯饒氏曰。西銘前一節。明人爲天地之子。後一節。言人事天地。當如子之事父母也。

○右銘。橫渠張子所作。初名訂頑。程子改之爲西銘。林隱程氏作此
圖。蓋聖學在於求仁。須深體此意。方見得與天地萬物爲一體。眞實如
此處。爲仁之功。始親切有味。免於莽蕩無交涉之患。又無認物爲己之
病。而心德全矣。故程子曰。西銘意極完備。乃仁之體也。又曰。充得盡
時聖人也。

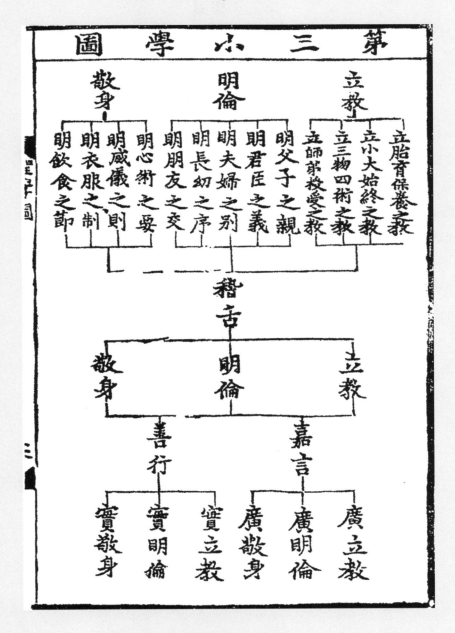

3

第三小學圖

立教　明倫　敬身

立教
- 立胎育保養之教
- 立小大始終之教
- 立三物四術之教
- 立師弟教受之教

明倫
- 明父子之親
- 明君臣之義
- 明夫婦之別
- 明長幼之序
- 明朋友之交

敬身
- 明心術之要
- 明威儀之則
- 明衣服之制
- 明飲食之節

稽古

敬身　明倫　立教

善行　嘉言

善行
- 實敬身
- 實明倫
- 實立教

嘉言
- 廣敬身
- 廣明倫
- 廣立教

第三小學圖

元亨利貞。天道之常。仁義禮智。人性之綱。凡此厥初。無有不善。藹然四端。隨感而見。愛親敬兄。忠君弟長。是曰秉彝。有順無疆[2]。惟聖性者。浩浩其天。不加毫末。萬善足焉。衆人蚩蚩。物欲交蔽。乃頹其綱。安此暴棄。惟聖斯惻。建學立師。以培其根。以達其支。小學之方。灑掃應對。入孝出恭。動罔或悖。行有餘力。誦詩讀書。詠歌舞蹈。思罔或逾。窮理修身。斯學之大。明命赫然。罔有內外。德崇業廣。乃復其初。昔非不足。今豈有餘。世遠人亡。經殘教弛。蒙養弗端。長益浮靡。鄉無善俗。世乏良材。利欲紛拏。異言喧豗。幸茲秉彝。極天罔墜。爰輯舊聞。庶覺來裔。嗟嗟小子。敬受此書。匪我言耄。惟聖之謨。

或問。子方將語人以大學之道。而又欲其考乎小學之書。何也。朱子曰。學之大小。固有不同。然其爲道則一而已。是以。方其幼也。不習之於小學。則無以收其放心。養其德性。而爲大學之基本。及其長也。不進之於大學。則無以察夫義理。措諸事業。而收小學之成功。今使幼學之士。必先有以自盡乎灑掃應對進退之間。禮樂射御書數之習。俟其旣長。而後進乎明德新民。以止於至善。是乃次第之當然。又何爲不可哉。曰。若其年之旣長。而不及乎此者。則如之何。曰。是其歲月之已逝。固不可追。其功夫之次第條目。豈遂不可得而復補耶。吾聞敬之一字。聖學之所以成始而成終者也。爲小學者不由乎此。固無以涵養本源。而謹夫灑掃應對進退之節與夫六藝之教。爲大學者不由乎此。亦

2　'疆'자는 '彊'자로 고쳐야 한다.

無以開發聰明。進德修業。而致夫明德新民之功也。不幸過時而後學
者。誠能用力於此。以進乎大。而不害兼補乎其小。則其所以進者。將
不患其無本而不能以自達矣。

　　○右小學。古無圖。臣謹依本書目錄爲此圖。以對大學之圖。又引朱
子大學或問通論大小之說。以見二者用功之捷筊。蓋小學，大學。相待
而成。所以一而二。二而一者也。故或問得以通論。而於此兩圖。可以
兼收相備云。

4

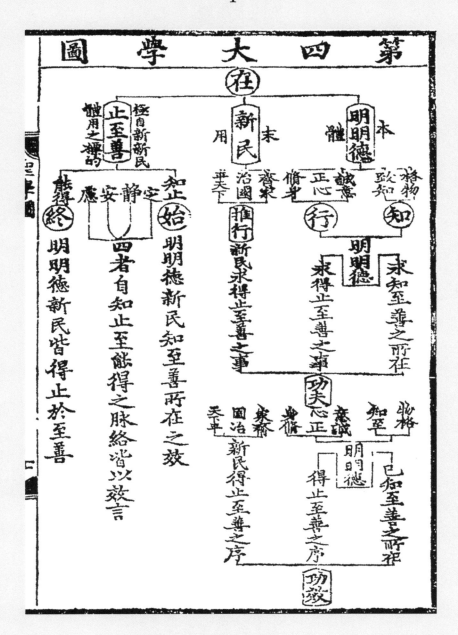

第四大學圖

　大學之道。在明明德。在新民。在止於至善。知止而后有定。定而后能靜。靜而后能安。安而后能慮。慮而后能得。物有本末。事有終始。知所先後。則近道矣。古之欲明明德於天下者。先治其國。欲治其國者。先齊其家。欲齊其家者。先修其身。欲修其身者。先正其心。欲正其心者。先誠其意。欲誠其意者。先致其知。致知。在格物。物格而后知至。知至而后意誠。意誠而后心正。心正而后身修。身修而后家齊。家齊而后國治。國治而后天下平。自天子以至於庶人。壹是皆以修身爲本。其本亂而末治者否矣。其所厚者薄。而其所薄者厚。未之有也。

　或曰。敬若何以用力耶。朱子曰。程子嘗以主一無適言之。嘗以整齊嚴肅言之。門人謝氏之說。則有所謂常惺惺法者焉。尹氏之說。則有其心收斂。不容一物者焉云云。敬者。一心之主宰。而萬事之本根也。知其所以用力之方。則知小學之不能無賴於此以爲始。知小學之賴此以始。則夫大學之不能無賴於此以爲終者。可以一以貫之。而無疑矣。蓋此心既立。由是格物致知。以盡事物之理。則所謂尊德性而道問學。由是誠意正心。以修其身。則所謂先立其大者。而小者不能奪。由是齊家治國。以及乎天下。則所謂修己以安百姓。篤恭而天下平。是皆未始一日而離乎敬也。然則敬之一字。豈非聖學始終之要也哉。

　○右孔氏遺書之首章。國初。臣權近作此圖。章下所引或問通論大小學之義。說見小學圖下。然非但二說當通看。并與上下八圖。皆當通此二圖而看。蓋上二圖。是求端擴充體天盡道極致之處。爲小學大學之標準本原。下六圖。是明善誠身崇德廣業用力之處。爲小學大學之

田地事功。而敬者。又徹上徹下。著工收效。皆當從事而勿失者也。故
朱子之說如彼。而今玆十圖。皆以敬爲主焉。(太極圖說。言靜不言敬。
朱子註中。言敬以補之。)

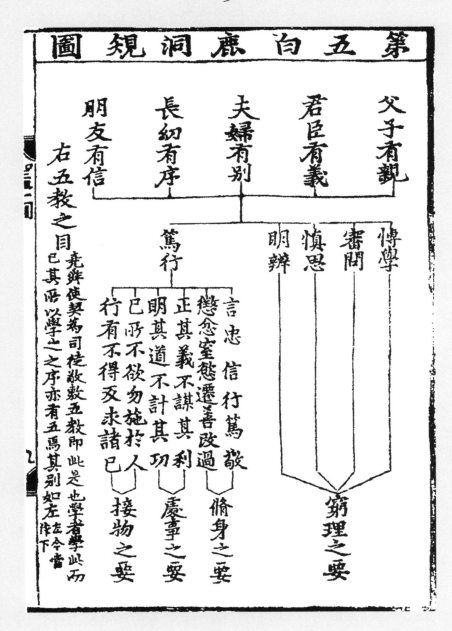

5

第五　白鹿洞規圖

父子有親
君臣有義
夫婦有別
長幼有序
朋友有信
右五教之目

博學
審問
慎思
明辨
窮理之要

篤行
言忠信行篤敬
懲忿窒慾遷善改過
修身之要

正其義不謀其利
明其道不計其功
處事之要

己所不欲勿施於人
行有不得反求諸己
接物之要

堯舜使契為司徒敬敷五教即此是也學者學此而已其所以學之之序亦有五焉其別如左作下

第五白鹿洞規圖

　　熹竊觀古昔聖賢所以敎人爲學之意。莫非講明義理。以修其身。然後推以及人。非徒欲其務記覽爲詞章。以釣聲名取利祿而已。今之爲學者。旣反是矣。然聖賢所以敎人之法。具存於經。有志之士固當熟讀深思而問辨之。苟知理之當然。而責其身以必然。則夫規矩禁防之具。豈待他人設之。而後有所持循哉。近世於學有規。其待學者爲已淺矣。而其爲法。又未必古人之意也。故今不復施於此堂。而特取凡聖賢所以敎人爲學之大端。條列如右。而揭之楣間。諸君相與講明遵守。而責之於身焉。則夫思慮云爲之際。其所以戒謹恐懼者。必有嚴於彼者矣。其有不然。而或出於禁防之外。則彼所謂規者。必將取之。固不得而略也。諸君其念之哉。

　　○右規。朱子所作以揭示白鹿洞書院學者。洞在南康軍北匡廬山之南。有唐李渤隱于此。養白鹿以自隨。因名其洞。南唐建書院。號爲國庠。學徒常數百人。宋太宗頒書籍。官洞主以寵勸之。中間蕪廢。朱子知南康軍。請于朝重建。聚徒設規。倡明道學。書院之敎。遂盛于天下。臣今謹依規文本目。作此圖以便觀省。蓋唐虞之敎在五品。三代之學。皆所以明人倫。故規之窮理力行。皆本於五倫。且帝王之學。其規矩禁防之具。雖與凡學者有不能盡同者。然本之彝倫。而窮理力行。以求得夫心法切要處。未嘗不同也。故幷獻是圖。以備朝夕瞽御之箴。

　　○以上五圖。本於天道。而功在明人倫懋德業。

6

第六心統性情圖

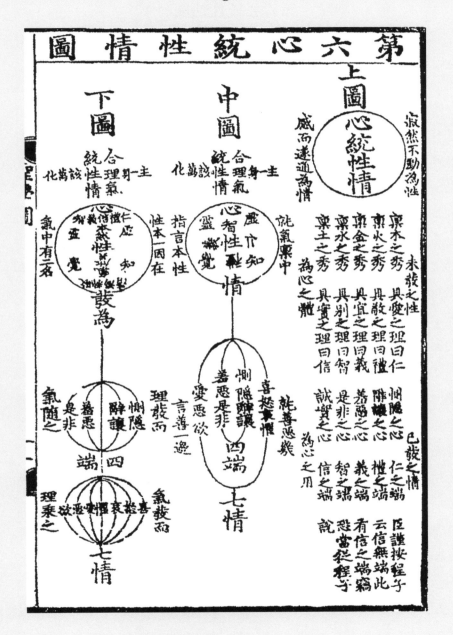

第六心統性情圖

林隱程氏曰。所謂心統性情者。言人稟五行之秀以生。於其秀而五
性具焉。於其動而七情出焉。凡所以統會其性情者則心也。故其心寂
然不動爲性。心之體也。感而遂通爲情。心之用也。張子曰。心統性情。
斯言當矣。心統性。故仁義禮智爲性。而又有言仁義之心者。心統情。
故惻隱羞惡辭讓是非爲情。而又有言惻隱之心。羞惡辭讓是非之心者。
心不統性。則無以致其未發之中。而性易鑿。心不統情。則無以致其中
節之和。而情易蕩。學者知此。必先正其心。以養其性。而約其情。則學
之爲道得矣。(臣謹按程子好學論。約其情在正心養性之前。此反居後
者。此以心統性情言故也。然究其理而言之。當以程論爲順。○ 圖有未
穩處。稍有更定。)

○ 右三圖。上一圖。林隱程氏作。自有其說矣。其中下二圖。臣妄竊
推原聖賢立言垂敎之意而作。其中圖者。就氣稟中指出本然之性不雜
乎氣稟而爲言。子思所謂天命之性。孟子所謂性善之性。程子所謂卽
理之性。張子所謂天地之性。是也。其言性旣如此。故其發而爲情。亦
皆指其善者而言。如子思所謂中節之情。孟子所謂四端之情。程子所
謂何得以不善名之之情。朱子所謂從性中流出。元無不善之情。是也。
其下圖者。以理與氣合而言之。孔子所謂相近之性。程子所謂性卽氣
氣卽性之性。張子所謂氣質之性。朱子所謂雖在氣中。氣自氣性自性。
不相夾雜之性。是也。其言性旣如此。故其發而爲情。亦以理氣之相須
或相害處言。如四端之情。理發而氣隨之。自純善無惡。必理發未遂。
而掩於氣。然後流爲不善。七者之情。氣發而理乘之。亦無有不善。若

氣發不中。而滅其理。則放而爲惡也。夫如是。故程夫子之言曰。論性
不論氣不備。論氣不論性不明。二之則不是。然則孟子, 子思所以只指
理言者。非不備也。以其幷氣而言。則無以見性之本善故爾。此中圖之
意也。要之。兼理氣統性情者。心也。而性發爲情之際。乃一心之幾
微。萬化之樞要。善惡之所由分也。學者誠能一於持敬。不昧理欲。而
尤致謹於此。未發而存養之功深。已發而省察之習熟。眞積力久而不
已焉。則所謂精一執中之聖學。存體應用之心法。皆可不待外求而得
之於此矣。

7

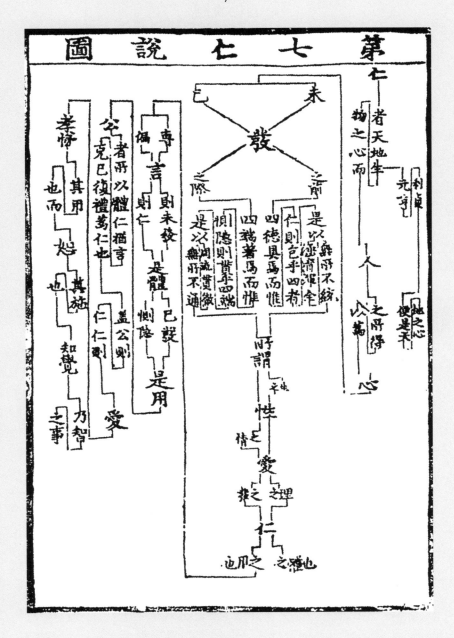

第七仁說圖

　　朱子曰。仁者。天地生物之心。而人之所得以爲心。未發之前。四德具焉。而惟仁則包乎四者。是以。涵育渾全。無所不統。所謂生之性愛之理。仁之體也。已發之際。四端著焉。而惟惻隱則貫乎四端。是以。周流貫徹。無所不通。所謂性之情愛之發。仁之用也。專言則未發是體。已發是用。偏言則仁是體。惻隱是用。公者。所以體仁。猶言克己復禮爲仁也。蓋公則仁。仁則愛。孝悌其用也。而恕。其施也。知覺。乃知之事。

　　又曰。天地之心。其德有四。曰元亨利貞。而元無不統。其運行焉。則爲春夏秋冬之序。而春生之氣。無所不通。故人之爲心。其德亦有四。曰仁義禮智。而仁無不包。其發用焉。則爲愛恭宜別之情。而惻隱之心。無所不貫。蓋仁之爲道。乃天地生物之心。卽物而在情之未發。而此體已具。情之旣發。而其用不窮。誠能體而存之。則衆善之源。百行之本。莫不在是。此孔門之敎。所以必使學者汲汲於求仁也。其言有曰。克己復禮爲仁。言能克去己私。復乎天理。則此心之體無不在。而此心之用。無不行也。又曰。居處恭。執事敬。與人忠。則亦所以存此心也。又曰。事親孝。事兄悌。及物恕。則亦所以行此心也。此心。何心也。在天地則块然生物之心。在人則溫然愛人利物之心。包四德而貫四端者也。或曰。若子之言。程子所謂愛情仁性。不可以愛名仁者非歟。曰。不然。程子之所謂。以愛之發而名仁者也。吾之所論。以愛之理而名仁者也。蓋所謂情性者。雖其分域之不同。然其脈絡之通。各有攸屬者。則曷嘗離絶而不相管哉。吾方病夫學者誦程子之言。而不求其

意。遂至於判然離愛而言仁。故特論此。以發明其遺意。子以爲異乎程
子之說。不亦誤哉。曰。程氏之徒。有以萬物與我爲一爲仁之體者。亦
有以心有知覺釋仁之名者。皆非歟。曰。謂物我爲一者。可以見仁之無
不愛。而非仁之所以爲體之眞也。謂心有知覺者。可以見仁之包乎智
矣。而非仁之所以得名之實也。觀孔子答子貢博施濟衆之問。與程子
所謂覺不可以訓仁。則可見矣。子安得以此而論仁哉。

○右仁說。朱子所述。幷自作圖。發明仁道。無復餘蘊。大學傳曰。
爲人君。止於仁。今欲求古昔帝王傳心體仁之妙。盍於此盡意焉。

8

第八心學圖

　　林隱程氏 復心 曰。赤子心是人欲未汨之良心。人心卽覺於欲者。大
人心是義理具足之本心。道心卽覺於義理者。此非有兩樣心。實以生
於形氣。則皆不能無人心。原於性命。則所以爲道心。自精一擇執以
下。無非所以遏人欲而存天理之工夫也。愼獨以下。是遏人欲處工夫。
必至於不動心。則富貴不能淫。貧賤不能移。威武不能屈。可以見其道
明德立矣。戒懼以下。是存天理處工夫。必至於從心。則心卽體欲卽
用。體卽道用卽義。聲爲律而身爲度。可以見不思而得。不勉而中矣。
要之。用工之要。俱不離乎一敬。蓋心者。一身之主宰。而敬又一心之
主宰也。學者熟究於主一無適之說。整齊嚴肅之說。與夫其心收斂·常
惺惺之說。則其爲工夫也盡。而優入於聖域。亦不難矣。

　　○右林隱程氏掇取聖賢論心學名言爲是圖。分類對置。多而不厭。
以見聖學心法亦非一端。皆不可不用功力云爾。其從上排下。只以淺
深生熟之大槩言之有如此者。非謂其工程節次。如致知誠意正心修身
之有先後也。或疑旣云以大槩敍之。求放心是用工初頭事。不當在於
心在之後。臣竊以爲求放心。淺言之。則固爲第一下手著脚處。就其深
而極言之。瞬息之頃。一念少差亦是放。顔子猶不能無違於三月之後。
只不能無違。斯涉於放。惟是顔子。纔差失。便能知之。纔知之。便不復
萌作。亦爲求放心之類也。故程圖之敍如此。程氏字子見。新安人。隱
居不仕。行義甚備。白首窮經。深有所得。著四書章圖三卷。元仁宗朝。
以薦召至。將用之。子見不願。卽以爲鄕郡博士。致仕而歸。其爲人如
此。豈無所見而妄作耶。

9

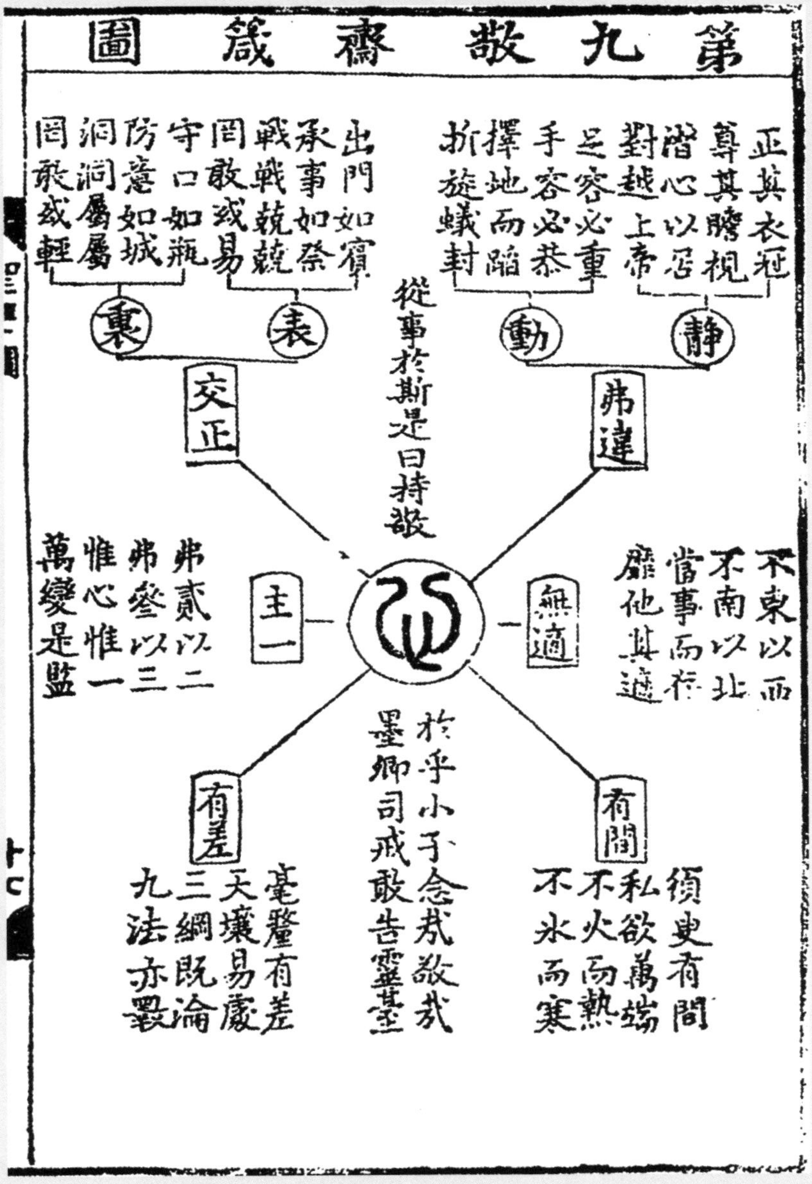

第九 敬齋箴圖

正其衣冠
尊其瞻視
潛心以居
對越上帝

足容必重
手容必恭
擇地而蹈
折旋蟻封

出門如賓
承事如祭
戰戰兢兢
罔敢或易

守口如瓶
防意如城
洞洞屬屬
罔敢或輕

裏　表　　動　靜

交正　　　　弗違

從事於斯是曰持敬

主一　　　　無適

心

不東以西
不南以北
當事而存
靡他其適

須臾有間
私欲萬端
不火而熱
不冰而寒

弗貳以二
弗參以三
惟心惟一
萬變是監

有差　　　　有間

於乎小子念哉敬哉墨卿司戒敢告靈臺

毫釐有差
天壤易處
三綱既淪
九法亦斁

第九敬齋箴圖

正其衣冠。尊其瞻視。潛心以居。對越上帝。足容必重。手容必恭。擇地而蹈。折旋蟻封。出門如賓。承事如祭。戰戰兢兢。罔敢或易。守口如瓶。防意如城。洞洞屬屬。罔敢或輕。不東以西。不南以北。當事而存。靡他其適。弗貳以二。弗參以三。惟心惟一。萬變是監。從事於斯。是曰持敬。動靜弗違。表裏交正。須臾有間。私欲萬端。不火而熱。不氷而寒。毫釐有差。天壤易處。三綱旣淪。九法亦斁。於乎小子。念哉敬哉。墨卿司戒。敢告靈臺。

朱子曰。周旋中規。其回轉處欲其圓如中規也。折旋中矩。其橫轉處欲其方如中矩也。蟻封。蟻垤也。古語云。乘馬折旋於蟻封之間。言蟻封之間。巷路屈曲狹小。而能乘馬折旋於其間。不失其馳驟之節。所以爲難也。守口如瓶。不妄出也。防意如城。閑邪之入也。又云。敬須主一。初來有个事。又添一个。便是來貳。他成兩个。元有一个。又添兩个。便是參。他成三个。須臾之間。以時言。毫釐之差。以事言。○臨川吳氏曰。箴凡十章。章四句。一言靜無違。二言動無違。三言表之正。四言裏之正。五言心之正而達於事。六言事之主一而本於心。七總前六章。八言心不能無適之病。九言事不能主一之病。十總結一篇。○西山眞氏曰。敬之爲義。至是無復餘蘊。有志於聖學者。宜熟復之。

○右箴題下。朱子自敍曰。讀張敬夫主一箴。掇其遺意。作敬齋箴。書齋壁以自警云。又曰。此是敬之目。說有許多地頭去處。臣竊謂地頭之說。於做工好有據依。而金華王魯齋〔柏〕排列地頭作此圖。明白整齊。皆有下落又如此。常宜體玩警省於日用之際心目之間。而有得焉。則敬爲聖學之始終。豈不信哉。

第十 夙興夜寐箴圖

鳳寤

鷄鳴而寤
思慮漸馳
盍於其間
澹以整之
或省舊愆
或紬新得
次第條理
瞭然默識

晨興

本旣立矣
昧爽乃興
盥櫛衣冠
端坐歛形
提掇此心
皦如出日
嚴肅整齊
虛明靜一

養以夜氣
貞則復元

（中央圓：敬）

讀書

乃啟方冊
對越聖賢
夫子在坐
顏曾後先
聖師所言
親切敬聽
弟子問難
及覆參打

應事

事至斯應
則驗于爲
明命赫然
常目在之
事應旣已
我則如故
方寸湛然
凝神息慮

念玆在玆
日夕乾乾

夕惕

日暮人倦
昏氣易乘
齋莊正齊
振拔精明
夜久斯寢
齊手歛足
不作思惟
心神歸宿

夙興夜寐

日乾

動靜循環
惟心是監
靜存動察
勿貳勿參
讀書之餘
間以游泳
發舒精神
休養情性

第十夙興夜寐箴圖

雞鳴而寤。思慮漸馳。盍於其間。澹以整之。或省舊愆。或紬新得。次第條理。瞭然默識。本旣立矣。昧爽乃興。盥櫛衣冠。端坐斂形。提掇此心。皦如出日。嚴肅整齊。虛明靜一。乃啓方冊。對越聖賢。夫子在坐。顔曾後先。聖師所言。親切敬聽。弟子問辨。反覆參訂。事至斯應。則驗于爲。明命赫然。常目在之。事應旣已。我則如故。方寸湛然。凝神息慮。動靜循環。惟心是監。靜存動察。勿貳勿參。讀書之餘。間以游泳。發舒精神。休養情性。日暮人倦。昏氣易乘。齋莊整齊。振拔精明。夜久斯寢。齊手斂足。不作思惟。心神歸宿。養以夜氣。貞則復元。念玆在玆。日夕乾乾。

○右箴。南塘陳茂卿 柏 所作以自警者。金華王魯齋嘗主敎台州上蔡書院。專以是箴爲敎。使學者人人誦習服行。臣今謹倣魯齋敬齋箴圖。作此圖以與彼圖相對。蓋敬齋箴有許多用工地頭。故隨其地頭。而排列爲圖。此箴有許多用工時分。故隨其時分。而排列爲圖。夫道之流行於日用之間。無所適而不在。故無一席無理之地。何地而可輟工夫。無頃刻之或停。故無一息無理之時。何時而不用工夫。故子思子曰。道也者。不可須臾離也。可離。非道也。是故。君子戒愼乎其所不睹。恐懼乎其所不聞。又曰。莫見乎隱。莫顯乎微。故君子。愼其獨也。此一靜一動。隨處隨時。存養省察。交致其功之法也。果能如是。則不遺地頭。而無毫釐之差。不失時分。而無須臾之間。二者並進。作聖之要。其在斯乎。

○以上五圖。原於心性。而要在勉日用崇敬畏。

퇴계 선생의 생애와 업적

1501년   연산군 7년, 1세.

11월 25일, 경상도 예안현(禮安縣) 온계리(溫溪里)에서 6남 1녀 중 막내로 태어나다.

부친 이식(李埴), 모친 정경부인(貞敬夫人) 박씨(朴氏).

1502년   연산군 8년, 2세.

부친이 별세하다.

1504년   연산군 10년, 4세.

갑자사화(甲子士禍)가 일어나다.

1512년   중종 7년, 12세.

숙부 이우(李堣)에게 『논어』를 배우다.

1519년   중종 14년, 19세.

기묘사화(己卯士禍)가 일어나다.

서울에 올라가 문과 별시(別試)의 초시에 응시하다. 이즈음 숙부인 이우의 댁에 있던 『성리대전(性理大全)』 중 첫째 권과 마지막 권을 빌려 읽다.

1520년   중종 15년, 20세.

『주역(周易)』을 연구하다. 과도한 공부로 몸이 상해 평생의 고질이 되다.

1521년   중종 16년, 21세.

진사 허찬(許瓚)의 딸을 아내로 맞이하다.

1523년   중종 18년, 23세.

큰아들 준(寯)이 태어나다.

성균관에서 유학하고 귀향하다.

서울에서 처음으로 『심경부주(心經附註)』를 구해 읽다.

1527년　중종 22년, 27세.
　　　　경상도 향시의 진사시(進士試)에서 수석을 차지하고, 생원시(生員試)에서
　　　　2등으로 합격하다.
　　　　둘째아들 채(寀)를 낳고, 허씨 부인이 죽다.
1530년　중종 25년, 30세.
　　　　예안에서 귀양 중인 권질(權礩)의 딸을 두 번째 아내로 맞이하다.
1531년　중종 26년, 31세.
　　　　측실과의 사이에서 셋째 아들 적(寂)이 태어나다.
　　　　자산와사를 지었다.
1532년　중종 27년, 32세.
　　　　셋째 형 이의(李漪)가 별세하다.
　　　　9월, 문과 초시(初試)에 2등으로 합격하다.
1533년　중종 28년, 33세.
　　　　어득강(魚得江)의 초청에 응하여 남도를 유람하며 『남행록』을 남기다.
　　　　5월, 성균관에 유학하다.
　　　　6월, 향시에 응하기 위하여 경상도로 가며 『서행록』을 남기다.
1534년　중종 28년, 34세.
　　　　윤2월, 문과 회시(會試)에 2등으로 급제하다.
　　　　4월, 승문원 권지부정자(權知副正字)에 보임, 예문관검열(藝文館檢閱) 겸
　　　　춘추관기사관(春秋館記事官)에 천거되었다가 체차되어 도로 권지부정자가
　　　　되었다.
1535년　중종 30년, 35세.
　　　　호송관으로 차임되어 왜노를 동래로 호송하다.
　　　　12월, 장인 허찬(許瓚)이 별세하다.
1536년　중종 31년, 36세.
　　　　3월, 맏형 이잠(李潛)이 별세하다.
　　　　8월, 의령 처가에서 장인의 영정에 곡하다.
1537년　중종 32년, 37세.
　　　　10월, 어머니 박씨가 별세하다.

1539년   중종 34년, 39세.
12월, 어머니 3년상을 마치다.

1541년   중종 36년, 41세.
3월, 독서당에 뽑히다. 이때 『독서삭제(讀書朔製)』, 『독서만록(讀書謾錄)』
을 지었으나, 현재 전해지지 않는다.
4월, 「일강구목소(一綱九目疏)」를 올리다.
6월, 손자 안도(安道)가 태어나다.
의주를 다녀오며 『관서행록(關西行錄)』을 엮다.

1542년   중종 37년, 42세.
8월, 강원도 재상어사(災傷御使)로 임명되다.

1543년   중종 38년, 43세.
『주자전서(朱子全書)』 교정을 청하여 거의 전담하다.

1544년   중종 39년, 44세.
12월 둘째 형 이하(李河)가 별세하다.

1545년   인종 1년, 45세.
7월, 「일본사신을 끊지 마소서(勿絕倭使疏)」를 올렸다.

1546년   명종 1년, 46세.
2월, 병으로 해직되어 고향으로 돌아오다.
7월, 부인 권씨가 죽다.
11월, 온계 건지산(搴芝山) 기슭 동암(東巖) 곁에 양진암(養眞菴)을 짓고,
토계(兎溪)라는 이름을 퇴계(退溪)로 고치고 호로 삼다.

1548년   명종 3년, 48세.
1월, 단양 군수로 나가다.
2월, 둘째아들 채가 죽다.

1549년   명종 4년, 49세.
12월, 관찰사를 통해 백운동서원(白雲洞書院)의 사액을 청해 소수서원(紹
修書院)으로 사액되다.

1550년   명종 5년, 50세.
2월, 퇴계 서편에 한서암(寒棲菴)을 짓고 거처하다.

8월, 넷째형 이해(李瀣)가 옥사에 연루되어 유배지로 이동 중에 죽다.

1551년   명종 6년, 51세.

2월, 한서암을 철거하고 계상서당(溪上書堂)을 짓다.

1552년   명종 7년, 52세.

7월, 성균관 대사성에 임명되었으나 병으로 사직하다.

1553년   명종 8년, 53세.

4월, 다시 성균관 대사성에 임명되다.

10월, 정지운의 「천명도(天命道)」를 개정하여, 새로운 「천명도」를 그리다.

12월, 「천명도설후서(天命圖說後序)」를 짓다.

1554년   명종 9년, 54세.

새로 중수한 경복궁(景福宮) 편액을 쓰고, 사정전(思政殿)에 「대보잠(大寶箴)」을 써서 올렸다.

둘째 손자 순도(純道)가 태어나다.

1555년   명종 10년, 55세.

2월, 병을 핑계로 사직하고 물러나다.

1556년   명종 11년, 56세.

6월, 『주자서절요(朱子書節要)』 편차를 완성하다.

7월, 「농암 이현보선생행장」을 짓다.

1557년   명종 12년, 57세.

3월, 도산서원(陶山書院)의 터를 정하다.

7월, 『계몽전의(啓蒙傳疑)』를 짓다.

1558년   명종 13년, 58세.

2월, 이이(李珥)가 계상서당에 와서 퇴계를 뵈다.

7월, 명종이 벼슬을 내리며 서울로 올라오라는 명을 내리자 벼슬할 수 없는 5가지 이유를 쓴 오불의(五不宜)로 사직소를 올리다.

1559년   명종 14년, 59세.

1월, 기대승에게 「사단칠정을 논하는 제1서」를 보냈다.

9월, 셋째 손자 영도(詠道)가 태어나다.

『고경중마방(古鏡重磨方)』을 엮다.

『송계원명이학통록(宋季元明理學通錄)』 집필에 착수하다.

「이산서원원규(伊山書院院規)」와 「이산서원기(伊山書院記)」를 짓다.

1560년　명종 15년, 60세.

「영봉서원기(迎鳳書院記)」를 짓다.

11월, 기대승에게 「사단칠정을 논하는 제2서」를 보내다.

1561년　명종 16년, 61세.

1월, 상경하다가 말에서 떨어져 사장(辭狀)을 올리다.

9월, 도산서원을 5년 만에 완공하다.

11월, 「도산잡영병기(陶山雜詠并記)」를 짓다.

1563년　명종 18년, 63세.

『송계원명이학통록(宋季元明理學通錄)』을 완성하다.

「성주목사 황공행장」을 짓다.

1564년　명종 19년, 64세.

「정암 조광조선생행장」을 짓다.

「심무체용변(心無體用辯)」을 짓다.

1565년　명종 20년, 65세.

「서원십영」시를 짓다.

「도산십이곡」을 짓다.

1566년　명종 20년, 66세.

1월, 「제김사순병명(題金士純屛銘)」을 짓다.

「심경후론(心經後論)」을 짓다.

「전습록논변(傳習錄論辯)」을 짓다.

명종이 독서당 관원들에게 「초현부지탄(招賢不至歎)」시를 짓게 하고, 송인(宋寅)을 시켜 「도산도」를 그리고 거기에 「도산잡영」과 「도산기」를 적게 하였다.

10월, 「회재 이언적선생행장」을 짓다.

1567년　명종 22년, 67세.

1월, 명나라 사신과 수응(酬應)할 제술관(製述官)으로 소명을 받고, 6월 서울로 올라가다.

6월 28일, 명종이 승하하자 대궐에 나아가 곡배하다.

7월, 명나라 사신을 수응하는 일을 마친 뒤 병으로 사직하고 고향에 돌아왔다.

1568년　선조 1년, 68세.

1월, 「무진사직소(戊辰辭職疏)」를 올렸다.

3월, 맏손자 안도(安道)에게 증손자 창양(昌陽)이 태어났다.

7월, 명을 받들어 서울로 가다.

8월, 「여섯 조목을 아룁니다(戊辰六條疏)」를 바치고 경연에서 왕에게 강의하다.

12월, 『성학십도(聖學十圖)』를 올리다.

1569년　선조 2년, 69세.

6월 「충재 권벌공행장」을 짓다.

1570년　선조 3년, 70세.

1월, 맏손자 안도에게서 증손녀가 태어난 뒤 증손자 창양이 젖이 부족해 죽다.

12월 8일, 유시(酉時) 초에 바로 앉아서 운명했다.

1571년　선조 4년.

3월, 임오일에 건지산 남쪽에 장사 지내다.

1575년　선조 8년.

도산서원(陶山書院)이 준공되자 사액하다.

1576년　선조 9년.

문순공(文純公) 시호를 내리다.

1610년　광해 2년.

선조 묘정에 배향하다.

문묘에 종사(從祀)하다.

지은이 이황(李滉)

　퇴계(退溪) 이황(1501~1570) 선생은 한국이 낳은 위대한 유학자이다. 선생은 선비들이 끊임없이 화를 당하던 사대사화(四大士禍)를 살며, 철저한 학문을 통하여 진리를 바르게 인식하고 실천하는 것이 당면한 사화의 시대를 극복할 수 있는 길일 뿐 아니라 그것이 이 땅의 인류가 영원히 올바르고 행복한 삶을 살 수 있는 도라고 생각하였다.

　선생은 학문에 전심전력을 기울여 내면에 진리가 축적되고 외적으로 실천의 힘을 쌓은 다음에야 세상에 드러나기 시작한 대기만성형의 학자였다. 선생이 남긴 2000여 수의 주옥같은 시와 3000여 통의 편지, 그리고 수많은 저술과 남긴 글들은 조선조 유학에 절대적 영향을 미쳤다. 퇴계는 수천 년 이어 내려온 유학을 인간완성의 학문으로 정립하였으며, 후진교육과 선현향사 공간으로 서원을 전국적으로 확산하였으며, 삼백여 제자들은 전국적으로 분포되어 선생의 가르침을 전국으로 유포하였다. 퇴계의 유학은 이웃 일본 유학의 형성과 전개에도 큰 영향을 미쳤다. 인간성에 바탕하여 선한 삶을 지향하는 퇴계의 사상은 과학문명이 초래한 위기를 어떻게 극복할 것인가를 걱정하는 현시대에 세계인이 새롭게 주목해야 할 우리나라의 귀한 사상이다.

옮긴이 이광호(李光虎)

　문경에서 태어나 대구 계성중·고등학교를 졸업하였다. 서울대학교 철학과에서 학사와 석사, 박사를 마쳤다. 석사논문은 「주자의 격물치지설에 관한 고찰」, 박사논문은 「이퇴계 학문론의 체용적 구조에 관한 연구」이다. 한국고전번역원에서 한문교육과정 4년, 한림대학교부설 태동고전연구소(한국고등교육재단지원)에서 한문교육과정 5년을 마쳤다. 태동고전연구소 연구교수와 소장, 한림대학교에서 조교수 부교수, 연세대학교 교수를 역임하고, 한국동양철학회 회장, 국제퇴계학회 회장을 역임하였다.

　SBS 해외 파견교수로 선발된 경력이 있고, 주자학술상, 퇴계학술상을 수상하였다. 역서는 『근사록집해 1, 2』, 『심경주해총람 상, 하』, 『이자수어』, 『고경중마방』, 『대학·중용집주』, 『역주 예기정의 중용·대학』, 『다산 대학강의·대학공의·심경밀험』, 『퇴계와 율곡, 생각을 다투다』, 『퇴계의 사람 공부』, 『성학십도』 등이 있다.

성학십도 聖學十圖

2023년 9월 8일 초판 1쇄 펴냄

지은이 이황(李滉)
옮긴이 이광호
발행인 김흥국
발행처 보고사

책임편집 황효은
표지디자인 김규범

등록 1990년 12월 13일 제6-0429호
주소 경기도 파주시 회동길 337-15 보고사
전화 031-955-9797
팩스 02-922-6990
메일 bogosabooks@naver.com
http://www.bogosabooks.co.kr

ISBN 979-11-6587-562-6   03100
ⓒ 이광호, 2023

정가 15,000원